联合出版方 Co-Publishers

武汉大学媒体发展研究中心（教育部人文社会科学重点研究基地）
Center for Studies of Media Development in Wuhan University,
Key Research Institute of Humanity and Social Sciences, Ministry of Education, P.R.C.

中国传媒大学出版社
Communication University of China Press

武汉大学跨文化传播研究中心
Research Center for Intercultural Communication, Wuhan University

Intercultural
Communication
China

传媒集刊

跨文化传播研究

第二辑

Intercultural Communication Studies

单 波◎主编

中国传媒大学出版社
·北 京·

序

民族中心主义的后果

◈ 单　波

像历史上任何一种流行病一样，新冠疫情的全球蔓延导致人类恐惧与焦虑的蔓延，而恐惧与焦虑又转化为对外群体的歧视与敌意，于是，民族中心主义综合征乘势爆发。

幽灵般的病毒引发的强反应是，把他者视为病毒或病毒的来源，随口说出“我不和‘病毒’坐在一起”。虽然不乏有人站出来弱弱地说，把“我们”还原为与病毒相遇的人、共同栖居于“病毒星球”的人，共同面对病毒的挑战，但这种反应实在太弱了。惊恐之时，用感官去感知潜在病毒携带者的威胁，胜过用理智去触及人与万物共生的普遍关系。人们直接剔除看上去空洞的人与万物共生的普遍关系，陷溺于人与病毒、人与病毒携带者的二元对立关系，从而消解了作为人类精神“免疫系统”的理智，任由民族中心主义情感冲击人类交往关系。

就像病毒一直依赖生物宿主而存在一样，民族中心主义也一直寄生于人类文化。生活在文化群体中的人都会接受“以民族为中心”的情感训导，这一情感看上去很自然、合理，被深深地刻在语言里。民族中心主义(ethnocentrism)内含两个希腊词语,ethos 指向人民或民族,ketron 即中心,整个词的意思是以自己的文化为中心,从而用自己的文化价值判断其他的文化,因此,也被称为文化中心主义。人类的各种语言以不同的方式书写“他者”,但意义都指向“陌生的、不同的、不确定的和可怀疑的”。中国古代称中原周边外族为“四夷”(东夷、南蛮、北狄和西戎),这与“foreign”所显示的“我眼中的异物”等否定意义是相通的。在考察社会习俗的过程中,美国社会学家塞姆纳(W.G. Sumner)把民族中心主义界定为个人判断其他文化比自己民族的文化低等的度,认为它是人们将自己归属于内群体的结果。由于民族中心主义以社会习俗和语言为载体,自由交流几乎成了一个不可能实现的梦想。人们不惜以政治正确的名义抑制充满歧视与偏见的话语,但政治正确并不构成“免疫力”,反而通过训练人们按正确的方式讲话,消解真诚的对话,掩盖基于种族、民族和文化背景的群体间的偏见。

民族中心主义者如此广泛地存在于不同文化群体之中,共同表现出阿多诺(T.W.Adorno)所说的“威权人格”(authoritarian personality),既追逐地位与权力,又把他者视为威胁和权力追逐者。他们看待世界的方式简单又僵化,认为这个世界就像一系列同心圆围绕着靶心排列,每个圆圈代表一个内群体和外群体的区别;每条线作为一个屏障,将所有外部群体从中心排除,而每一个群体又被稍微窄一点的群体排除在外。① 因此,归属于不同文化群体的民族中心主义者有着相似的对待彼此的方式,即排斥和隔离。他们都能感觉到伤害,并把这种伤害斥为“非人性”或“非人道”,而在恐惧与焦虑之中,又免不了以“非人性”或“非人道”的方式对待他者。极具反讽意味的是,人间变成了以人性或人道的名义相互伤害的场所。

---

① ADORNO T W, FRENKEL-BRUNSWIK E, LEVINSON D J, et al. The authoritarian personality[M]. New York, US: Harper & Brothers, 1950: 145-150.

没有一个人天生就是民族中心主义者，但自我中心主义会使每一个人自觉地接受民族中心主义的驯化。按照法国人的说法，“自我中心主义(nombrilisme)”的法语词根是肚脐(nombril)，这一与母亲相连的生命线折射出自我与自己的根源和文化根基的紧密关系，反过来又使人领悟民族中心主义的根深蒂固。[①] 从某种意义上讲，自我中心主义者倾向于想象自己被母亲宠爱，进而想象自己“与母亲相连的生命线”，以此得到情感的慰藉，希望这种情感不随时间的多变性而稀释，也不随空间的多重性而改变。久而久之，他变得脆弱而敏感、自私而浅薄，既不理解民族情感的历史与人性内容，也不考虑文化间情感的共通性，只是想着排他性地占有一种文化情感，把认同的力量转化为情绪的宣泄，使“差异”成为一种可以用来压制“他者”并自我辩白的工具。在全球疫情蔓延的危机时刻，民族中心主义者可以按照自身的逻辑，判断“我们”比其他种族和文化的人具有更强的免疫力，更能抵御病毒的侵害。这样一来，病毒的威胁转移为他者的威胁，排他性变得顺理成章，因为他者即感染者或易感染者。

不可避免的后果是，自我中心主义者像是被母亲宠坏的孩子，纵容自己的欲望，放任自己无限膨胀，导致他以一种失衡的眼光看待世界，既看不到外在联系，也会因为自我利益而脱离文化共同体。当他远离故土，融入现代文化，“mother”这个词就转化为“(m)other”，成为需要重新考量关系的“他者”。因为他与世界的交往关系已转化为“我-它”关系，即把对方看成是达到某种目的的工具，所以，人与人相遇后，彼此的文化适应变得极不稳定，人们各自守着自我的主体性，很难承认彼此的主体间关系，既重视保持传统文化和身份，也注重与其他群体进行日常的交往。相反，双方都把传统文化作为选择交往策略的工具，为权力和利益而战。

---

① 苏盖，维拉汝斯.他者的智慧[M].刘娟娟，等译.北京：北京大学出版社，2008：33.

不可否认,作为母文化的传统文化是"主体"身份的重要标识,深深地镌刻在我们的自我意识之中,成为我们参与社会互动的社会资本。但容易让我们产生错觉的是,好像通过社会资本的再生产不断加大贬低他者的度,就可以在交往中保持传统文化和身份,从而强化自己的主体性。其实,主体性本身蕴涵着主体间关系,只有在这种关系中才能理解自身是什么。民族中心主义者以为自己高扬了文化主体性,其实不过是高扬了一个封闭的、孤绝的主体,一个自我论证的、与世界失去意义关系的主体。这样的主体免不了走向隔离、排斥和边缘化,失去存在的意义。在当前全球疫情蔓延状况下,视他者为病毒而非与他者共同面对病毒,这样的主体已消解了自身作为人类的意义。

在一个逆全球化的时代,信任关系的缺失让自我中心主义大行其道。自我中心主义者不知谦卑为何物,无法进行自我批评,因而无法客观地认识自己的文化,更缺少"他山之石,可以攻玉"的想象。在群体生活中,他只是按照"正确"的方式说话,而非按照寻求真理的方式说话,因而失去精神自由,让自我归属于单一的学习群体,受困于群体文化的信息茧房,或权力文化的回音室,也容易让人固守单一的价值观,偏向同质性交流,排斥异质性交流。为此,他一心想着维护纯而又纯的民族文化,时而借用文化相对主义的话语,强调文化间的不可通约性,在认同与排斥中走向文化孤立主义;时而靠近文化多元主义,为的是维护"差异权",为多元且隔离的生活辩护,从而把文化多元主义置换为"多元单一文化主义"(plural monoculturalism)或文化原教旨主义。如此一来,各文化群体之间的文化篱笆越扎越紧,民族文化的纯洁性成为政治分化的修辞,文化对话的可能性变得越来越渺茫,失去自由的人们被囚禁于"文化洞穴"。

从交往的角度看,文化交往造成了两种互动:一是按照某些观念的互动，一是为了改造观念的互动。当人们按照某些观念互动时，文化使孤立的个人与他人分享共同的价值，进而走向文化认同。在这个意义上，文化本质上具有民族中心主义倾向，每一种文化都试图用自己的文化价值去观察和评价他者，特别是在文化冲突发生的时候，每一种文化都习惯于抬高自己的文化价值，以凝聚文化群体的信念，取得对他文化的支配权。民族中心主义者执意从宿命论的角度去理解文化，认为文化无法逃避民族中心主义倾向，因为人们需要寻求自我认同，需要确认自己的民族身份，进而确立作为本民族一员的优越感。这种宿命论式的理解实际上把人们套在“惧外心理”的枷锁之中，使其远离自由交流。

然而，作为人的精神活动的表现或创造，文化体现精神自由的本性，因而具有超越性，能够超越人自身建构多元对话与交流关系，扩展人的自由交流空间。在走向文化适应的过程中，人们形成为了改造观念的互动，从而开辟了消解民族中心主义宿命论的路径。

从人类普遍交往的意义上讲，文化是互动性的存在，因而要通过互动去感知，而不是通过某种先验的本质去理解。在一个民族文化共同体内，弥漫着一种共通的情感，人们可以无障碍交流，分享由共通情感带来的力量。一个走出自我中心的人，才能真正体会这种情感。他在共同体中习得与他人和谐相处之道，尊重那些大于自我或异于自我的事物的正当性，并与之共存、共在。他的情感在互动中变得成熟起来，懂得尊重作为共同家园的自然，尊重人的身体的自然性，承认他人的重要性，包容那些异己的生活方式，乐于为他人奉献，也承认文化历史的重要性，并且与他人一起创造历史。

也许正是因为这样，我们才会悲剧性地承受民族中心主义的后果，也才能通过唤醒人的自由意志，在自由交往中获得完整的人格，以虔敬的心态对待自然、他人和历史，排解民族中心主义的病毒。

目　录

CONTENTS

跨越东西方:在跨文化传播领域拓展对话的路径

◇ 陈国明 单 波 肖 珺 张春雨

摘 要 跨文化传播研究对改善人际互动有着重要意义,是建立和平共存的多元文化社会的基础。在跨文化研究中,我们应对各种类似意识形态的"理论主义"保持警惕,用多元思维来消除追求认同所带来的"茧房",发掘中国智慧,如阴阳理论、和谐理念对传播研究的贡献,并用西方学者熟悉的方式进行推介,重视权力平等对增加跨文化理解的重要意义。新的媒介技术对跨文化传播产生了多方面的巨大影响,在这种情况下,我们应更加重视跨文化传播教育对跨文化传播实践的贡献,紧扣"文化"与"传播"这两个概念来推进学科建设,建议中国学者保持思想开放,注意科技的影响,注意提取自身文明的传播智慧。

关键词 跨文化传播,中国传播智慧,多元文化,媒介技术,跨文化传播教育

Beyond East and West: Promoting Dialogue in Intercultural Communication Study

Abstract Intercultural communication study is very significant for interpersonal interaction which is the foundation for a peaceful and multicultural society. In intercultural studies, we should alert to all kinds of school of thought as ideology and get free from the constrains which originate from the persistence of self-identity by multi-perspectives and discover the communication wisdom from Chinese culture, such as yin-yang theory, the idea of harmony, introducing them to the west by their familiar ways. And we should value the importance of equality of power for mutual understanding between people from different culture. New media technologies affect intercultural communication in different aspects and have deeply changed the way of communication. Due to this, we should pay more attention to the education about intercultural communication and strengthen the discipline construction by focusing on two concepts (culture and communication). Chinese scholars would better keep their mind open, track technology development and pay more attention to Chinese communication wisdom.

Keywords intercultural communication, the communication wisdom from China, multiculturalism, media technologies, education about intercultural communication

对话者简介 陈国明(Guo-Ming Chen),美国罗德岛大学(The University of Rhode Island)传播学教授,美国中华传播学会(Association for Chinese Communication Studies)创始人,曾任国际跨文化传播研究学会(International Association for Intercultural Communication Studies)会长与执行长,以及国家传播学会(National Communication Association)立法委员。此外,还在多个国际知名传播学学术期刊担任联合编辑或审稿人。多年来往返东西方从事学术交流,对华人世界跨文化传播教育与研究做出贡献。陈国明的研究专注于跨文化传播领域,擅长从中西方文化、哲学传统的讨论和分析中进行跨文化传播、组织传播等议题的研究。至今,他已发表超过150篇论文和书籍章节等,独著、合著、合编、主编期刊主题特刊等40余本。代表作包括:*Foundations of Intercultural Communication*, *Communication and Global Society*, *Dialogue among Diversities*, *Chinese Conflict Management and Resolution*, *Introduction to Intercultural Communication*, *Theories and Principles of Chinese Communication*, *Asian Perspective of Culture and Communication*,《文化间传播学》,《传播研究方法》,《传播理论》等。

陈国明的跨文化传播研究主轴有二:一是跨文化传播能力与华人传播/沟通行为。跨文化传播能力研究延续自陈国明1987年获得美国国家传播学会国际与跨文化传播组最佳博士论文奖的研究主题,三十年来,他从探讨跨文化传播能力的本质与意义,延续到探讨如何在全球社会中建立跨文化传播能力模式。华人传播行为的研究建立在人类传播行为因文化的差异而有所不同的主张之上,陈国明试图从中华文化的维度,建构可以挑战与匹敌西方传播行为的模式。二是主要以易经太极图的阴阳互动为依据,提出人类互动的五个特性:辨证整体性、生生创造性、互依互换性、层级关系性以及动态和谐性。目前,两个研究主轴已逐渐合一。例如,最近几年陈国明呼吁以儒家的道德能力(moral competence)来重新检讨西方学术传统一直把传播能力视为以达到目的为主的主张,并进一步以中国传统概念中的"中"来定义传播能力。从中华文化的视角反思跨文化传播研究受西方学者宰制这一现象,从事中观理论(middle-range theory)的建构,以便通过社会科学研究方法加以观察验证,这是陈国明近几年与未来持续奋斗的目标。

一、世界跨文化传播研究的议题与难题①

单:您是一位跨越东西方的跨文化传播研究者。您在《跨文化传播学关键术语》一书中,以东方视角翻译和解释了一些学科中的经典理论,比如,把人们惯常翻译的文化"适应"(acculturation)表述为"濡化",以此区别于"同化"(assimilation)、"适应"(adjustment/adaption)等表述,您也曾在研究中对西方研究中的个人主义、集体主义二元分析框架提出过质疑。所以,我们首先想请您谈谈,您是如何理解"跨文化传播"的?"跨文化传播"是否是一种与西方理论的对话过程?

陈:狭义而言,跨文化传播着重关注来自不同文化的人们之间的人际互动。美国大学传播系的跨文化传播课程大致是遵循这个偏于社会科学的取向的。广义而言,跨文化传播学的内涵可以包括国家/际传播、比较媒体传

---

① 下文中对话者"单"指单波,"肖"指肖珺,"张"指张春雨,"陈"指陈国明。

播、组织间传播以及文化或宗教之间的对话等。从批判或文化研究的角度来说,与西方理论对话的过程当然也属于跨文化传播学。我个人认为,不管是哪一种跨文化传播,都必须建立在文化与互动这两个核心概念之上。

肖:您认为作为一个研究领域的“跨文化传播”,其最重要的研究价值是什么?当下正处于全球化与逆全球化的转折期,与此同时,跨文化传播逐渐成为热门的研究领域。不过,很多人在提到“跨文化传播”的时候,都会有一种矛盾的心理。一方面,认为“跨文化传播”是通过对话获得理解、共存和共享的路径;另一方面,又怀疑这是一种乌托邦。您怎么看待这种疑问呢?

陈:从前面提到的美国主要的跨文化传播教育的角度来看,它绝对不是一种乌托邦。这种经由对不同文化的认知,以理解文化价值观的差异在如跨文化关系发展和跨文化说服、决策、谈判与解决冲突过程中所扮演的角色,并习得有效技能,是建立一个和平共存的多元文化社会的基础。纵使当今人类社会面临着全球化与逆全球化的分合拉锯,也不损及跨文化传播教育的本质与功能,因为只有跨文化传播教育才能引导人们渡过人类社会目前所面对的这个彼此关系受挫的关卡。

肖:我们也观察到,东西方交流是跨文化传播研究中的一个重要议题。这显然与世界发展格局的变化高度相关。您是美籍华人学者,相信在您的个人生命体验和研究中,对此有强烈的感受。那么,民粹主义(populism)、民族主义/国家主义(nationalism)等议题现在是否是东西方跨文化交流所面临的困境呢?

单:补充一下,民粹主义与多元主义已经形成竞争关系。这种竞争关系存在了许多年,从多元主义成为加拿大的一项政策到现在,二者始终处于竞争之中,且每到一个时期,民粹主义都占据了压倒性地位。我的困惑是,跨文化传播是不是遭遇了严重的挑战,话语的竞争关系是不是发生了倾斜,也即,多元文化主义是否只是学界的自说自话,并未在社会中产生真正的影响呢?

陈:先讲结论吧。民粹主义是暂时性的。历史每到一个阶段,民粹主义就会产生。因为全球化的关系,目前这个潮流(民粹主义)变得相当强烈。比如说,在美国,这一次的民粹主义与政治结合紧密。民粹运动势力在国家领导者与政策的助力下愈演愈烈。欧洲的民粹主义问题也十分严重。让人失望的是,本应随着全球化与跨文化发展而慢慢消逝的"民族-国家"(nation-state)倾向却愈演愈烈。比如,美国总统特朗普的种种做法,着实让学术界感到苦恼,因为他的言语与举止行为,把赤裸裸的白人种族主义或反移民等情绪(特别是社会底层的)煽动了起来。

在刚开始研究全球化潮流的时候,学者们预测全球会归于"一",也就是说,最终人类会像在一个大家庭之下共同生活。但20世纪90年代全球化速度加快后,在人们看到趋同的同时,趋异的作用也体现了出来。在多元文化主义的影响下,独立的个体更容易表达意见,个体力量(individual power)得到充分展现。趋同与趋异两股势力相互缠斗,有时后者的力量甚至强过前者。

我们还是觉得,这只是全球化发展的一个过渡时期。就如先贤所言,任何发展都是循环往复的,都会经历一个高度动态的过程。以前的人类社会常常通过战争来过渡这个时期。这一次呢?没有人可以给出答案。即使会有新的战争,相信也与第一、二次世界大战迥然不同。但是,我们仍然希望可以借助教育,尤其是经由跨文化传播教育来化解冲突,让人们用一种和平的方法来过渡。

虽然美国国内小冲突不断,但我觉得民粹主义不会导致大规模的战争。西方社会倾向于用对抗来解决问题,中国则偏向于使用和谐的方式。例如,在西方社会,沉默绝对不是金;你心中有事,有不满,又不直接讲出来,人家就认为你没有问题。有问题就直接提出来,以便解决,这就是对抗性解决问题的注解。在美国境内,这种看似冲突的对抗性抗争处处存在,大家习以为常。现在我们担心的是,国与国之间是否会因文化的差异,爆发激烈或非理性的对抗,引发大冲突或掉入战争陷阱。不过,我本人抱着乐观的态度。我一直认为当前的民粹主义只是全球化潮流的一个过渡性浪花。我希望人类社会不要像以前一样,必须经由战争来解决问题。冲突最终还是要通过教育来化解的,这就是强调跨文化传播教育重要性的原因。我们必须教导孩子如何认知、尊重乃至接受不同的文化。更重要的是,这种认知层面的理解与接受要能够应用到实际行为中。这也就是我多年来研究的主题——跨文化传播能力模式的探索。

二、"多元但不主义":跨文化传播应该破除认同的茧房

肖:作为一位跨文化传播研究者,您乐观地认为当前的民粹主义潮流只是暂时性的。我们也希望人类社会未来的发展是朝向善与仁的,更希望跨文化传播能发挥缓解冲突的社会功能。原来我们讲,跨文化传播及其研究以西方为中心,但在全球化与逆全球化并行的状况下,第三世界国家(如中国)开始发挥一些区别于西方的作用。您觉得,这一波全球化潮流出现了哪些争议?

陈:全球化的另一个说法是"西化",即近一两百年以西方的政治文化势力建立起来的全球社会秩序。如今中国崛起,如何把中国"大"的势力转化为"强",进而如何参与全球社会治理,以及西方社会如何看待中国的参与治理,都是我们必然要面对的问题。要和西方社会分这杯羹,恐怕就得经过西

方式的对抗过程。尽管中国的传统一向是高举和谐的旗帜,但和谐更多时候只是目的,而非手段。那么中国应该用什么手段来追求"和谐"这一终极目标？要怎样和谐地参与全球治理呢？例如,国内最近提出的以和谐为基石的"人类命运共同体"与"天下观"两个概念却令西方产生误解。

单:如何理解这种普遍的误读呢？

陈:西方完全用他们的经验处理中国的"一带一路"倡议,这使中国陷入被动的局面。中国需要明确地理解,"一带一路"倡议是对外活动,不能用对内传播的方式来处理,特别是在宣传方面。我曾主张"一带一路"倡议与实践本质上是跨文化传播的问题,鼓励学者可以从跨文化传播学的五个维度,包括文化价值观、跨文化适应、跨文化关系、文化流动与媒介以及跨文化传播能力来处理。[①] 虽然"一带一路"倡议实际上经由经济活动自然延伸到社会、外交,甚至军事等不同方面,但若从跨文化传播的角度来增进彼此之间的理解与互信,那么西方国家把中国的"天下观"与诸如帝制、殖民、朝贡、叩头等概念等同看待的误解,或许有可能减除。毕竟美国高校从1970年就开设了跨文化传播教育的课程,学生们开始了解全球文化的不同,也逐步理解与适应在碰到不同文化背景的人时应该如何处理。

肖:我们讨论的东方与西方、中国与世界既是一个新问题,也是一个老问题。您的研究曾建构了一种"全球倾听模式"(global listening communication),对个体的跨文化传播能力给予了希望,也认为来自全球的倾听和面向全球的倾听是可行的。比如中国"一带一路"倡议吸引了大量留学生等跨文化旅居者,还会增加一些跨文化婚姻等新型关系。那么,个体力量在解决跨文化冲突问题时会不会产生超越国家的力量？

---

① 陈国明. 全球网络社区的建构:一个跨文化传播视角[C]. 第十届"跨文化传播国际学术会议". 南宁,2019.

陈:达到沟通互动目的的基础,在于能够以一颗诚敬之心倾听对方的话语。即使是国家之间的互动,也建立在参与代表个人之间的倾听能力之上。国家的力量是个人力量的总和。问题在于不同的社会制度会以不同的方法产生个人力量,如由“民意”而形成的国家声音,在不同的文化下会有很不同的形成过程、内涵与运用,这点不可不察。

讨论这个问题就不得不提到身份认同的问题。身份认同包括个人认同、文化认同、国家认同和全球认同等。虽然个人认同常与其他团体性认同有所捍隔,但不管何种身份认同,其都以个人认同的主体性为基石。在美国目前跨文化传播研究中,掌握身份认同的研究者已从最早的美国白人转变为非美国白人学者。身份认同的研究也逐渐出现了转变,开始强调排斥性。因为文化身份代表了个人化的身份,这种包容性似乎已与身份认同无关的潮流让人感到焦虑。我们都在强调“push”,比如强烈的中国认同、美国认同等。如此,身份认同变成了蚕“茧”,变成了中国中心认同、美国中心认同。再细化地看,如中国有56个民族,美国有几十个族裔,每个族裔自当有自己的文化认同。但如果大家互不相让,把身份认同变成一道无法通过的“墙”,像茧一样把我们捆绑在自我中心主义的认同中,那么大家又如何能和平共处?

认同应该是流动性的,如今却因全球化潮流的冲击而僵化了。我认为我们应该以庄子为师,在主客或物我之间相互渗透,在不失自我的情况下达到两者合一,在认同别人的同时不丧失自我认同。但现实情况很令人失望,尤其是学术界的问题很严重,学者误导我们追求身份认同其实就是追求权力和巩固权力。我担心目前的文化认同的研究与实践所形成的自我束缚的“茧”,会在里头的蛹发展成虫之前,就戛然而止。相较于中国,美国的问题似乎更加复杂。美国国家权力无法掌控每一个个体,如今千千万万个不同的“茧”相互碰撞,大家都躲在自己文化认同的茧中与别人交流,这是否有损多元文化社会的永续性发展,是值得注意的。

单:如今产生了认同的茧房,每个人为单一的认同所束缚,这与全球化与跨文化传播的主旨是相悖的。

肖:是啊,认同的初衷是为了促进彼此的理解,但一路走来,多元文化主张却陷入了极度艰难的时期。跨文化传播把可沟通的文化视为终极价值观。多元文化主义等理论产生的初衷是鼓励大家破除自己文化认同的茧房,通过文化间的对话形成认知、谅解与合作。如今,普遍的危机是人们似乎越来越不愿意接受不同于“我”的他人。那么,您对多元文化主义(pluralism)之类观点的评价是什么?

陈:我所期望的当今文化是“多元但不主义”,也就是文化多元、和平共存的理念。多元文化的和平共存应该是日常生活的实践,这也是我近几年来试图从跨文化传播的视角,以“家”这个概念的过程、关系与意义三个元素,来建立一个人类未来的新文化之家或全球社区(global community)模式的基本观点。①

肖:您的研究中有意识地导入了中国文化框架,比如,导入“阴阳”、“和谐”、庄子、“天下观”、“家”等观念,这使得您的研究凸显了跨越东西方的自觉性。或者说,您是用西方的方法讲述中国话语?比如,您曾提出的人类传播的阴阳理论。

陈:应该这样说,我开始尝试用非中国的方法来描述中国的概念,且尽量不把“中国”的形象投射在论述之中。其实,20世纪90年代以来,特别是管理学领域的一些学者就提出了如双边文化(ambiculture)、双元论(ambi-

---

① 陈国明.全球化背景下新媒体对跨文化传播的影响[M]// 单波,刘学.全球媒介的跨文化传播幻象.上海:上海交通大学出版社,2015:48-66.

dexterity)、竞合(co-opetition)、全球地方化(glocalization)等与悖论(paradox)相关的概念与理论。这些理论都认为人类交往和行为中充满了矛盾和冲突,且两种两极分化对立的力量是可以互依、共存与互换的,这与中国传统的阴阳观很类似。加上这几年瑞典斯德哥尔摩管理学院有几位华裔教授开始把阴阳概念带入悖论研究,这引发了我从传播的视角来提出阴阳传播理论的念头。

我认为,阴阳理论有6个基本假设(assumption):(1)宇宙是一个无限循环却有序的运动过程;(2)阴和阳是宇宙循环交替的本质;(3)"整体性"是宇宙的终极本质;(4)"互联性"是感知宇宙存在的方式;(5)"和谐"是宇宙的基本价值;(6)"中"是实现宇宙和谐之道。① 阴阳理论不仅为我们理解中国人的传播方式提供了独特的视角,也让西方学者知道概念化的人类传播方式不仅局限于西方的模式。在这些阴阳理论的基本假设上,我与安然教授在2009年提出,整体性的本体论观念使中国文化较偏向集体主义,个人淹没(submerge)在群体里;对和谐的强调则影响了中国人偏向于使用较间接、寻求共识的交往沟通方式;互联或相关性作为一种认识论的基础,决定了中国人之间的关系是互依互赖但又存在着等级差异。② 基于此,我提出了人类传播的阴阳理论,首先提出人类传播的三个具体特征:(1)人类传播是整体的;(2)人类传播是相互联系的;(3)人类传播是和谐的。进而,我以中观理论为基础,在每一个特征之下提炼出以下不同的假设(assumption)与原理(axiom)。

---

① CHEN G M.A yin-yang theory of human communication[J]. China media research,2018,14(4):1-15.

② CHEN G M, AN R. A Chinese model of intercultural leadership competence[M]//DEARDORFF D K. The SAGE handbook of intercultural competence. Thousand Oaks,CA: Sage,2009:196-208.

I.人类传播是一个整体系统

假设1:人类传播是一个整体系统。

假设2:人类传播的整体性是由两个主体之间不断的辩证互动所决定的(即阴和阳之间)。

假设3:两个主体之间的辩证互动,乃建立在阴阳两股势力持续的矛盾张力之上。

原理1:矛盾的位层关系、依存关系和情境关系有助于对人类传播整体性的理解。

II.人类传播是一个互联网络系统

假设1:人类传播是一个互联网络系统。

假设2:互联网络系统是由所属的互联元素组成的。

假设3:"感应"是关系发展的基础。

假设4:由"感应"衍生的道德能力是阴阳沟通能力的基础。

假设5:等级结构描绘了阴阳关系的特征。

假设6:阴阳关系的等级结构强调特殊性、长期性、团队性、形式性和个人性的互联关系。

原理1:道德能力的提升增加了成功建立彼此关系的机会。

原理2:与中国人交往时,建立一种特殊性(长期性、团队性、形式性或个人性)关系的能力越强,其道德能力就越高。

III.人类传播是一个和谐的过程

假设1:人类传播是一个和谐的过程。

假设2:人类传播的目的在于达到关系和谐的状态。

原理1:在中国人的传播活动中,达到和谐的能力越强,意味着交际能力越强。

假设3:"中道"是通往阴阳整体循环和谐状态的理想途径。

原理2:应用"中道"的能力越高,与中国人沟通的能力就越强。

原理3:自我修养(语境深度、行为灵活)的水平越高,与中国人沟通的能力就越强。

通过将人类传播的阴阳观进行理论化,我希望可以为今后学者对阴阳理论进行可靠的、实证的研究和应用提供一个可依据的方向。

需要再度强调的是,这是社会科学中观理论的建立方法。因为传播或互动是人类行为层面的活动,可以且必须经由实证来观察与检测,是可以被较准确地理解与掌握的行为。因此,建立传播理论的过程不能仅停留在形而上或宏观的哲学或批评的陈述上,应由较宏观的假设(proposition)陈述,进一步特殊化成原理(axiom)。有了原理的理论陈述,更多可以直接观察的研究问题(research question)与研究假设(research hypothesis)就能从中推论出。

另外,我上面谈到的"家",其实就是从中华文化的角度来处理"天下观""全球社区"或"人类命运共同体"等概念的尝试,也就是我们之前提到的与"第三文化"这个学术研究有关的概念。"阴阳""天下观""家"这些只是在研究中国和谐模式下的重要概念。当然,交流过程不一定和谐,但和谐是终极目标。既然阴阳哲学设定和谐是宇宙的基本价值与人类传播的终极目标,我们从中华文化的角度来研究人类传播或许可以说就是处理和谐这个概念的过程。

单:您刚才提到,"用非中国的方法来描述中国的概念",那么,如何以西方模式解释中国的和谐?

陈:这是个有趣的问题。一般人好像总把西方社会误解为不讲求和谐的文化,其实不是这样的。我认为西方人是以对抗的方式来解决问题或冲突,以达到和谐共存的目的;和谐并不意味着问题或冲突的消亡,但西方人解决问题的方法就是比中国人更重视对抗而非和谐手段罢了。有关冲突的文献已明显指出,避免冲突所引起的负面情绪是普世性的人性表现。

因此,和谐是一个指导原则,斗争也是必然存在的。如《易经》讲变化,凡事从量变发展到质变的过程,必然会经历割裂性的转变。和谐与斗争在人类社会就如一个铜板的两面,重要的是要了解不同社会对这两个概念的理解与操作。在交流的策略上,我们或许要用一些西方的手段来与西方社会交流,以便达到互动的目的。比如,针对孔子学院与"一带一路"倡议的实践,我们要思考应采用哪些策略,包括西方的方法,来有效地达到预期的效果。

单:对,您说的这些是跨文化传播方法层面的问题,那么路径层面呢?比如以西方的想法为方法连接到中国的和谐?

陈:如同前面所言,和谐是人类社会欲使用不同手段达到的互动目标,即建立一个安泰的生活场域。为了协助西方学者理解和谐在华人社会所扮演的角色,我曾经发表了几篇英文论文来解释华人社会所信仰的和谐的哲学基础,和谐表现在互动时的行为表征,以及以仁、义、礼、时、位、幾、关系、面子和权力九个主要概念推展出的包括了 4 个假设、23 条原理和 23 条定律的中国传播的和谐理论。[①] 这种处理的方式，其实就是以西方学术研究的角度与方法来阐释中国人认知的和谐概念。前面也提到，其他如“阴阳”文化在传播方面的投射等的研究也逐渐增多。除我之外，瑞典斯德哥尔摩的华裔学者们也在做跨文化管理研究，比如悖论研究(paradox)与“阴阳”的关系，研究其变化、发展的过程。这些研究目前主要是欧洲学者在做，美国很少有学者涉足这个领域。

单：我们还可以举出一些例子，比如，斯威格乐与《易经》的联系，中国学者会借助哈贝马斯、保罗·利科来诠释和谐。不过，这些学者的观点在西方社会是否会被束之高阁？我还想到，中国电影《流浪地球》中讲到，人们现在不讲生存而是讲存在。过去的生存是生计式的，人们将跨文化传播当成社会治理问题，采取功利主义的想法，而存在是我们怎样在地球上共存。只有富裕的、高贵的和有教养的人才会思考这个问题，食不果腹、流离失所者不会有这种思考。那么，如何让每个人都去思考跨文化问题呢？

陈：由于学术研究长期受到西方学者的宰制，非西方学者从他们自己的文化视角出发所做的研究受到西方学者鄙视、噤声或不屑一顾的现象很普遍。我自己进入美国传播学界已经近 40 年，很清楚在申请研究所、拿学位、教书与发表期刊论文的过程中所受到的歧视，尤其是来自具有白人优越感或种族沙文主义的学者的歧视。举例说，有一次我把一篇从中国哲学角度

---

① CHEN G M. Toward transcultural understanding: a harmony theory of Chinese communication[M]//MILHOUSE V H, ASANTE M K, NWOSU P O. Transcultural realities: interdisciplinary perspectives on cross-cultural relations. Thousand Oaks, CA: Sage, 2001:55-70; CHEN G M. An introduction to key concepts in understanding the Chinese: harmony as the foundation of Chinese communication[J]. China media research, 2011,7(4):1-12; CHEN G M. Harmony theory (Chinese)[M]//JENSEN K B,CRAIG R T. The international encyclopedia of communication theory and philosophy. West Sussex, UK: Wiley-Blackwell,2016.

探讨“中”与沟通能力的论文投到美国最主要的传播学会的传播与哲学组，希望能在当年的研讨会宣读。结果论文被拒绝了，原因之一是审稿者认为我“不懂西方哲学”。这个理由显然不只是论文本身的问题了，我的论文是在讨论中国哲学，而不是讨论西方哲学或比较中西方哲学，但审稿者竟然要我从西方哲学的角度来处理论文。诸如此类与论文内容品质关系不大或无关而受到排挤的例子层出不穷。这也就是我认为必须以其人之道还治其人之身的互动策略，以西方学术的方法来嫁接中国的文化概念，西方学者会比较容易理解与接受。我当然知道这个嫁接过程势必会有所误差，但只要误差不至于误解中国文化，行动毕竟胜过坐以待毙。

张：您曾从本体论、认识论和价值观等方面分析东方文化和西方文化对于理解人类传播的不同，您认为东方文化持的是一种整体论的本体论，而西方文化则认为人类传播是一个原子化的过程。由于东西方文化的巨大差异，您认为当涉及国家利益和意识形态时，中国和西方能否形成和谐的对话(dialogue)？或者，如果我们使用西方人的话语去解释“一带一路”倡议和人类命运共同体时，您认为西方人在理解后能真正认同并接受吗？

肖：“一带一路”倡议、人类命运共同体等对中国文化传播的意义是什么？

陈：我今年(2019年)在捷克召开的国际跨文化传播学会(IAICS)年会上发表的论文，就是从跨文化视角来讨论“一带一路”倡议与实践。[①] 里面对这些问题都有论述，各位有兴趣可以阅读一下。在这里，我要另外强调两点。

第一，我们必须了解到，对中国提出的人类命运共同体理念，很多西方人的第一个反应是“谁跟你命运共同体”呀？当今人类社会早就存在着西方

---

① CHEN G M. The Belt and Road Initiative: an intercultural communication perspective [C]. Paper Presented at the IAICS Annual Conference. Brno, Czech Republic, 2019.

社会设定的共同体,哪由得你中国再提出另一个共同体?这无疑是对西方霸权的挑战。如今又把人类命运共同体的理念与“一带一路”倡议、孔子学院挂钩,结果使问题更加复杂。其实,我认为人类命运共同体的提出,本就是要挑战甚至取代目前权利不均衡、利益分享不公平的世界秩序与社会结构。我认为这种中西方的对抗与冲突并不是双方谁对谁错的问题。当西方自觉利益受到挑战时,他们起了防御意识或采取反抗行为,这是可以理解的。从另一个角度来说,其实不能忽略中国方面在宣扬不同理念时所使用的策略方法对对抗力量大小的影响。这就是我一直强调跨文化传播学在这个彼此折冲樽俎过程中的重要性的原因。

第二,跨文化传播学告诉我们,有效的对话必须建立在双方平等的基础上。但这是很难达到的目标,特别是在对话双方的权力有强势与弱势之分时。弱方当然期求平等互动,但要强方下放权力却非易事。因此,对强势方的教育是重要的。我从跨文化适应(intercultural adjustment)这个主题的研究中发现了这个问题。就以国际学生在异国适应过程为例,大部分文献几乎都强调弱势方的国际学生如何适应地主国文化的重要性,却很少提到强势方的地主国人们学习适应国际学生文化的重要性。我认为宾主双方在互依互赖关系下的平等基础对如何互动,如说服、谈判、冲突解决和文化适应等,是非常重要的。

三、新媒体环境下的跨文化传播教育与研究

肖:2011年,您在武汉大学跨文化传播国际学术会议首次发表《新技术与跨文化传播》一文,后来您用英文也发表了相关研究文章。您觉得,新近的数字传播新技术对跨文化传播有哪些影响?或者,我们如何从跨文化传

播的角度认知新技术的社会价值呢?

陈:技术的变化太大了。我在今年(2019 年)武汉大学第十届跨文化传播国际学术会议的主题论文中也继续提到,不到十年,“移动传播技术已从 3G 发展到最近的 5G,又进一步在质量上为人类社会带来了更巨大的变化。5G 技术带来的革命性变革,是把传统人类社会以书写文字作为传播手段的方式,一夕间以视频语言取而代之。高速度、高容量、低时延与低能耗的移动通信技术,把短视频功能提升到中长影音视频简易与高效的境界,使得互动的主体性得到革命性的解放,每个人都成了传输内容的制造者,随时扮演着发言主体的角色。这种网上发言容易到有如饮水,非理性、非逻辑性与失控性的表达方式将大行其道;原本以书写文字为主的交流方式,其意义基本上停驻在一字一句之间,虽然仍有其未尽全意的现象,但比起视频的一图可具有千言万语也解说不尽的高度模糊性,其清晰度与可理解度显然高出甚多。这意味着人类互动的结构与规则也会面临直接的冲击。5G 技术当然为人类日常生活,包括工商业生产、人工智能、远程医疗、大数据和网上游戏等方面,带来了诸多正面改变,但不幸的是,它也同时深化了前面提及的假新闻乱飞、媒体立场偏颇、网络霸凌充斥、网络暴力流行、隐私尽丧、沉溺弱智、沟通能力衰退和孤独寂寞等负面效应。这显示了由文化认同与文化多元高动态性的拉锯互动所形成的跨文化相互联结的网络社区,虽然已成为全球化社会的重要环节,但也同时显现了网络科技把人类社会塑造成分化与同一的矛盾共存与竞争的特性。这个全球网络社区的出现,并不意味着一个新的、共享的全球社区意识会同时形成。因此,如何培养出一个命运共识与共享的全球网络社区就成了学者必须面对的重要课题”。①

---

① 陈国明. 全球网络社区的建构:一个跨文化传播视角[C]. 第十届跨文化传播国际学术会议. 南宁,2019.

可见5G在技术、范围、带宽等方面都对跨文化传播产生了冲击。这些冲击也使我转向全球社区/共同体(global community)的研究,当然也包括虚拟共同体(virtual community)的研究。我认为,新媒体有着数字性、融合性、交互性、超文本性和虚拟性等特征。这些对跨文化传播的影响是重大的。首先,民族/种族的文化价值被认为会影响社交网络在新媒体中的进程,特别是某一文化群体的思维模式、表达风格和文化场域这三个文化因素都被证实显著影响人们在电子媒介中的行为。其次,新媒体和全球化的融合给人类带来了不少全新的体验,包括Lister等学者提到的新的文本体验、新的呈现世界的方法、新的主体与媒体科技的关系、新的具象化(embodiment)、身份认同与社区之间的关系、对人的躯体与科技媒体之间的新的认知与新的组织和生产形态。这些新体验不可避免地对社会或文化认同的传统构成与定义提出挑战,使得文化认同更具动态性、流动性和关联性。此外,新媒体中信息的呈现和共享以及来自不同文化的互动者的汇集,还会直接影响虚拟社区中跨文化关系的发展以及文化他者在移居过程中的跨文化适应。最后,新媒体也为人民和国家建立新形象、定义和重新定义信息含义、设置媒体议程、拟定新闻或信息提供了有利工具,有利于帮助解决跨文化冲突问题。①

张:新媒体技术的广泛应用深刻影响了跨文化传播。与前面我们曾经谈到的问题相关,在全球民粹主义泛滥的当下,您认为新媒体在某种程度上是否会激化或强化跨文化冲突?特别是当一些媒体由于意识形态以及国家利益的不同,对信息在新媒体上的呈现进行控制,这是否会带来更多跨文化

---

① DAI X-D, CHEN G M. The construction of national image in the media and the management of intercultural conflicts[M]//FORTNER R S, FACKLER P M. International handbook of media and mass communication theory. Hoboken, NJ: Wiley-Balckwell, 2014:708-725.

传播的不对称?

陈:这是人类社会必须面对的现实。传播/互动在很大程度上是一个经由策略的使用来达到说服或宣传的彼此理解目的的过程。为了实现自身或国家生存与发展的利益,从温和到极端,或从和谐到冲突的策略手段,随时都会被使用。我们曾发表了一篇探讨以新媒体来建构国家形象与跨文化冲突的经营之间的关系的论文①,其中一个例子就是中国政府如何经由媒体以2008北京奥运来建构一个和谐、重环保、对外开放的国家形象,但西方主要媒体的议题却设定在人权、民粹、空气污染和政治腐败等截然不同的方面。这种因文化价值观的差异所引起的有心或无心的误解与冲突的例子比比皆是。因此,如何借助跨文化传播的知识与技能来处理类似这种在国际形象谈判或其他不同层面所面对的跨文化冲突,的确是活在当今新媒体与全球化合流的人类社会的个人与团体所该面对与学习的。②

张:您多次提到跨文化传播教育的重要性,这点我们也很赞同。美国已经形成了一套系统的跨文化教育体系并在大学课堂中实践多年。根据您的观察,中国的跨文化教育发展得如何?美国的跨文化教育能给我们提供什么借鉴呢?

陈:这个问题有点复杂。因国情不同,各国有不同的教育系统是显而易见的。以跨文化传播学为例,因为其属于教育系统的一部分,因此就必须关联学科建制与学门建立的问题。每个学科必须有其核心概念,如心理学以

---

① DAI X-D, CHEN G M. The construction of national image in the media and the management of intercultural conflicts[M]//FORTNER R S, FACKLER P M. International handbook of media and mass communication theory. Hoboken, NJ: Wiley-Balckwell, 2014.

② 陈国明.全球化背景下新媒体对跨文化传播的影响[M]//单波,刘学.全球媒介的跨文化传播幻象.上海:上海交通大学出版社,2015:48-66.

“个人”为核心概念，社会学以“团体”为核心概念，再经由教学与研究而形成一个学门。跨文化传播一般以“文化”与“传播”为核心概念，因此归属于传播学这个学门算是理所当然之事。这就是为什么在美国跨文化传播学主要归属于传播学门的原因。这种归属并不意味着其他学科不能教或研究跨文化传播学。人类学、心理学、社会学、语言学、管理学、文化/批评研究，甚至工程学院提供跨文化传播课程的比比皆是。问题出在这些学门很多只是在处理“(跨)文化”而非“跨文化传播”。这个问题在中国更是明显。目前的状况显示，跨文化传播学主要归属于语言领域，只有少数几个新闻传播学门把跨文化传播学当作自家成员。因此，我们发现，在中国很多所谓的跨文化传播研究，其实是在研究跨文化与“语言”的关系，而非与“传播/互动”的关系。有些则是在处理文化(文明)或媒体之间的关系，而忽略了“传播/互动”是建立在“人”的基础之上的。我要再度强调，我并不是反对这些广义性的跨文化传播学的内涵，但从学科与学门建制与发展的角度，我认为各个学科必须紧紧抓住其核心概念，并以此为基石，像涟漪一样层层向外扩展。

肖:跨文化传播教育的基础在于社会整体认知的提升，研究质量和传播效果在其中也发挥了重要作用。总体而言，中国学者的跨文化传播对外输出比较有限，从您个人的学术经验出发，您对中国学者有何建议?

陈:全球化潮流的动态、渗透、链接、混合以及强化个人等特性，对小区意识、文化认同与多元、全球化媒体以及全球化社会市民身份的冲击，无疑直接影响到中华传播学门的建立。其中两项挑战特别值得华人传播学界注意:学门的翕辟与新科技的影响。首先是学门的翕辟。翕，合户或内敛之谓;辟，开户或外延之意。内敛凝聚之力，是学门认同与巩固的基础;外延开放之力，是学门与外界联系和成果分享的基础。中华传播学门建立后，必须于在地和全球之间驰骋，在地与全球之间是连续的，而非分割的;必须与国际接轨和对话,而非门户闭锁,敝帚自珍。其次是新科技的影响。科技,尤其是交通与传播科技的日新月异不仅改变了人类思考与生活的方式,也直接影响了整个教育与研究系统。数字化对认知的冲击,在于它的非线性本质以及制造对信息内涵的期待,这直接影响了学生或大众使用媒体的方式。去大众化(demassification)是媒体数字化所带来的最主要的社会性冲击。最后是数字化的新美学观。数字化新美学观的差异表现在它的互动性、操纵性、跨媒体信息内容目的的先定与再定、虚拟经验的刻意制造以及对生产信息不同内涵的样本测试手段上。①

我曾在一篇文章中提到大中华区域包括跨文化传播的整体传播学教育,在继续面对学科版图不全、过度技术取向、彼此合作缺乏以及西化严重四大挑战的同时,必须鼓励学者与研究生积极加入思考与建构新理论的行列。② 除了参与全球学术社群,持续测试与挑战旧有的传播理论的现代可行性、有效性之外,还需要回答“什么是中华传播学”这个问题,也就是尝试建立所谓的中华传播理论。作为一个人文与社会科学的学门,本土性的中华传播学的存在已是一个毋庸置疑的命题。在西化严重与全球化潮流不止歇的冲击之下,目前急需群策群力,建立起可取得共识的中华传播理论。我们希望在不久的将来就能见到傲人的成果。

(编辑:肖劲草)

① 杨昕. 李锦容采访陈国明教授[J]. China media report overseas, 2012,8(1):11-13.

② 彭芸. 博导专访:美国罗得岛大学陈国明教授[EB/OL]. (2019-05-01)[2020-02-05]. https://sway.office.com/zbVCHAAPx87ezE9L?ref=Link&fbclid=IwAR0qpVuj8O_As33GMdeHp2wY1QnRhbkszJN5fjKMvKJq_HIG0iEu-16MG7s.

全球疫情语境下人类交往的跨文化反思:传播学者访谈录*

辛 静**

摘 要 2020年,新冠肺炎病毒在全球蔓延。病毒、传染、隔离、死亡使人类陷入恐惧、怀疑、争吵,也激发人类拯救自我的力量,寻找合作、共存、共在的路径。本文访谈了来自世界各地的七位传播学者,即克利福德·克里斯琴斯(Clifford Christians)、大卫·马修(David Marshall)、唐纳德·马西森(Donald Matheson)、格雷汉姆·默多克(Graham Murdock)、温迪·利兹-赫维兹(Wendy Leeds-Hurwitz)、林文刚(Casey Man Kong Lum)和单波,共同探讨全球疫情语境下的跨文化交往与传播问题。该访谈录指出,人与环境、人与技术、人与人这三组关系构成了全球疫情所凸显的系列问题的核心矩阵,栖居于共同星球的人们亟须反思自我,反思当前信息环境的复杂性、不稳定性和动态性,反思社会结构的断裂和全

* 本文系教育部人文社会科学重点研究基地重大攻关项目"'一带一路'倡议与跨文化传播"(项目编号:16JJD860004)的研究成果,华中师范大学中央高校基本科研业务费项目"突发事件与应急传播"青年学术创新团队(CCNU20TD009)的研究成果。

** 辛静,华中师范大学新闻传播学院副教授,武汉大学媒体发展研究中心研究员。

球协作的匮乏。学者们高度认同中国提出的"人类命运共同体"理念,疾呼只有团结与合作的世界才有助于人类共同应对结构性危机、世界格局变迁和各种全球性风险挑战。

关键词 疫情,新冠肺炎病毒,跨文化传播,全球交往

Intercultural Reflection on Human Communication in the Context of the Global Epidemic: Interview with Communication Scholars

Abstract In 2020, due to the global outbreak of the COVID-19 epidemic, global communication has been torn apart. Virus, infection, isolation and death not only plunge humans into fear, doubt and debate, but also inspire humans to save themselves and find paths to cooperate and coexist. Seven communication scholars from around the world have been interviewed, exploring the intercultural communication problems in the context of the global epidemic. The seven scholars are Clifford Christians, David Marshall, Donald Matheson, Graham Murdock, Wendy Leeds-Hurwitz, Casey Man Kong Lum and Bo Shan. The interviews indicate that relationships between people and environment, people and technology, people and people, constitute the core matrix of a series of problems highlighted by the global epidemic. People living on the same planet need to reflect on themselves, examine the complexity, instability and dynamics of the current information environment, and consider the fracture of social structure and the general lack of global cooperation. Scholars strongly advocate for the concept of "a community of a shared future for humankind" and call for a world of unity and cooperation to help people cope with the structural crisis, changes in world patterns and various global risks and challenges.

Keywords epidemic, COVID-19 virus, intercultural communication, global communication

传播学者简介

克利福德·克里斯琴斯,美国伊利诺伊大学香槟分校传播学研究教授、新闻学教授及媒介研究荣休教授。研究领域包括传播伦理、技术哲学。主要著述有《多元文化世界中的传播理论》《跨文化传播伦理》和《数字时代的媒介伦理与全球正义》。

大卫·马修,澳大利亚迪肯大学传播与创意艺术学院教授,新媒体、传播和文化研究教授。研究领域包括名人和公众人设(Persona)体系、新媒体文化。主要著述有《人设研究》《广告和营销文化》《名人与权力》《名人人设大流行》《新媒体文化》《网络理论》《名人游戏》等。

唐纳德·马西森,新西兰坎特伯雷大学媒介与传播系主任,曾任澳新传播协会(ANZCA)主席。研究领域包括新闻与公众传播、新媒体传播伦理。主要著述有《数字战争报道》和《媒介话语:媒介文本分析》。

格雷汉姆·默多克,英国拉夫堡大学社会科学学院文化与经济学的荣休教授,国际媒介与传播研究学会(IAMCR)副主席。研究领域包括传播政治经济学、媒介与文化。主要著述有《金钱万能:媒体、市场、危机》和《碳资本主义与传播:应对气候危机》,新版的《研究传播》即将出版。

温迪·利兹-赫维兹,美国威斯康星-帕克塞德大学荣休教授,美国华盛顿特区传播协会理事会跨文化对话中心主任。在跨文化传播、社会互动、社会建构理论、符号学理论、传播民族志和学科史领域出版13本著作。主要著述有《代代传承:维持文化身份》《符号学与传播:符号,代码,文化》《作为文本的婚礼:社会建构的仪式化交往中的文化身份传播》和《传播的社会路径》。

林文刚,美国威廉·彼德森大学传播学教授,美国媒介环境学会副会长。研究和教学领域包括媒介环境学、跨文化传播、媒介素养教育、都市饮食文化与传播、媒介与全球化、媒介民族志、亚裔美国媒介等。近期主要著述有《媒介环境学:思想沿革与多维视野》和《媒介环境学和媒体教育:反思全球化传播生态中的媒体素养》。

单波,武汉大学媒体发展研究中心主任,武汉大学新闻与传播学院教授。研究领域包括跨文化传播和比较新闻学。主要著述有《跨文化传播的问题与可能性》《跨文化传播伦理》《全球媒介的跨文化传播幻象》《国家形象与跨文化传播》和《新闻传播学的跨文化转向》。

2020年,新冠肺炎病毒全球蔓延,全球交往惨遭撕裂。病毒、传染、隔离、死亡使人类陷入恐惧、怀疑、争吵,也激发了人类拯救自我的力量,寻找合作、共存、共在的路径。从哲学家、历史学家面对人类命运的思考与争吵之中,我们可以听到他们对全球交往的忧思。那么,从传播学家那里我们可以听到怎样的反思呢?为此,武汉大学的单波老师提议笔者访谈各国学者,并帮忙联系到一些学者,他本人则兴致勃勃地加入到与这些老朋友的对话之中。从2020年3月底开始,陆续有美国伊利诺伊大学香槟分校教授克利福德·克里斯琴斯、澳大利亚迪肯大学教授大卫·马修、新西兰坎特伯雷大学媒介与传播系主任唐纳德·马西森、英国拉夫堡大学教授格雷汉姆·默多克、美国华盛顿特区传播协会理事会跨文化对话中心主任温迪·利兹-赫维兹、美国威廉·彼德森大学教授林文刚接受邮件访谈。居家隔离的他(她)们认真地选择感兴趣的问题,以极大的热情回应问题,顺着跨文化访谈的框架,展示了全球疫情语境下人类交往的跨文化反思。

问题一

辛静:疫情发生以来,人们在反思,从野生动物传播到人类的疾病是人类经济发展所付出的代价。事实上,人类在这些方面已达成共识,却难以达成行动,难以做到“不越界”。您如何看待这一现象?

大卫·马修:人类文化的扩张意味着我们已经跨越了各种环境和生态系统的界限。关于人类环境如何自我约束还有待进一步争论,问题是这种约束几乎不可能阻止像新冠肺炎病毒这样的东西。值得强调的是,需要制定新的跨国治理结构,至少反映出我们对人口增长如何改变地球、产生新的和无法预见的风险的理解。我们可以称之为人类文化中的一种新伦理,它可能从当前的危机中浮现出来,并反映我们的环境危机以及我们与动植物、与彼此之间的集体关系。

唐纳德·马西森:关注新型冠状病毒等疾病的传播源和载体对医学很重要,因为科学有助于社会了解不同活动的风险。但从文化层面探寻事物发生的深层原因,这样的目的论主张并无太大作用,因为它往往倾向于意识形态。也就是说,如果人们都像“我们”这样生活,就不会有这种疾病了,这种说法是一种从差异中看待疾病的简单解释。所以,对于蝙蝠或穿山甲的讨论把我们带向了完全错误的方向。相反,正如乌尔里希·贝克(Ulrich Beck)所说,我们每个人都需要审视自己的实践以及我们在目光短浅的活动中制造的风险。[1] 我赞成生态范式,也就是说,通过我们建立的宏观社会结构来审视我们所有人对人类和世界的长期影响。

格雷汉姆·默多克:越来越多的疾病从野生动物传播到人类,这是自然栖息地被加速破坏的直接结果。在过去的三十年里,全球加强了伐木活动,世界各地的森林被大规模砍伐,将森林转变为牧场以满足全球对肉食日益增长的需求。因此,以前获得的生态平衡——许多野生物种与人类的接触相对隔绝,动物之间的互动受到自我维持系统的调节——被破坏了。除此之外,我们还可以找到另一个原因:外来物种的全球贸易。最终结果是人与动物之间的接触量显著增加,从而引入了新的病毒株,这是以前很少遇到的。如果没有任何变化,我们可以预期病毒大流行将定期发生。当前的解决方案主要是研发有效疫苗,制定更好的医疗对策,应对目前的全球粮食和原料供应,我们需要超越这些。我们只有坚定地把当前的疫情放在更广阔的生态和气候危机的背景下,才能正确理解它。

温迪·利兹-赫维兹:我有一些同事研究人类世(Anthropocene),即在地球的最近代历史进程中,人类活动对气候及生态系统造成的全球性影响,试图让人们注意到人类的行为以许多意想不到的方式影响着物质世界。也许这场疫情将有助于清楚地表明他们的工作对我们大家有多重要。我看过的将疫情与人类对地球的影响联系起来的最棒的视频之一是 YouTube 平台的《听》(*Ascolta*,意大利语),[2]以及一封虚构的、以新冠肺炎病毒的口吻写

---

① BECK U. Risk society: towards a new modernity [M]. London: SAGE Publications, 1992.

② https://www.youtube.com/watch? v=a2gdztJU1zY.

给人类的信。我认为新冠肺炎病毒的一个有益作用可能是,各国有可能会增加以气候保护为重点的就业机会,作为经济复苏的途径。这需要大量的国际合作。

林文刚:从一个角度来看,人类发展中嵌入了某种浮士德式交易,[①]因为我们总要为所获得的一切付出代价。因此,问题不仅在于疾病的爆发是否是人类经济发展所付出的代价,同样重要的是:谁在付出什么代价?他们付出多大的代价?为什么?此外,这些问题根植于社会道德层面,与社会公平、公正密切相关。事实上,不是每个社会成员都会为社会的任何发展或进步付出同样的代价。例如,纽约市死亡率最高、受灾最严重的地区是工人阶级社区,在那里,许多经济地位低下的人住在非常小的公寓里,且许多人依赖公共交通系统。这些人感染新型冠状病毒的几率要高得多,部分原因是他们很难保持适当的社交距离。不能通过网络履行工作职责的人比那些可以在家远程工作的人承受的经济创伤要大得多。并非所有社会经济阶层的人都遭受相同的死亡率或承担相同程度或比例的经济损失。因此,尽管新型冠状病毒作为一种疾病的来源并不歧视个体,但我们必须反复提醒自己,社会不公平确实存在。

单波:进入21世纪以来,SARS冠状病毒、禽流感、猪流感、埃博拉病毒等接连袭击人类,病毒也一次次提示我们人与动物的相互依存关系:传染病可以在家养和野生的动物之间互换,既可以发生在同类之间,也可以跨越物种界限,这是由接触机会以及潜在宿主的易感程度来决定的。[②] 但每次在感受了撕心裂肺的伤痛之后,活着的人为什么依然会失去对这种互动关系的敬畏?除了前面专家所讲的以外,还有两个重要原因。一是理性的自负,发

① 浮士德式交易意指为了眼前的利益行事,不考虑未来的成本或后果。

② 麦克尔尼.瘟疫与人[M].余新中,毕会成,译.北京:中国环境科学出版社,2010:34.

明疫苗、新药或治疗方法的人类，自身也被“发明”为可以战胜病毒的理性的人，一个因欣赏自身理性能力而再次增强人类中心主义信念的人，当这个人暂时摆脱病毒的纠缠，自然会“好了伤疤忘了疼”；二是责任分散，在保护动物、保护生态方面取得共识，并不一定产生“共同行动”，因为人们总是指望别人会多承担责任，当出现这种想法或行为的时候，人与人的信任关系就很脆弱了，人就容易在怀疑中进入“理性的不合作状态”。

问题二

辛静：新冠肺炎疫情在全球蔓延，造成普遍的隔离，威胁群体间交往，这将对全球化带来怎样的影响？

克利福德·克里斯琴斯：社会科学研究表明，世界上一半的人口没有网络技术资源，因此在像这样的危机中，他们得到的医疗和商业信息资源锐减。对于这些人来说，由于控制病毒所需的隔离和检疫，他们社会所依赖的通过口头—听觉进行群体间交流的方式会受到限制。历史告诉我们，只有通过分散和有限的方式，社会和文化变革才会在危机之后发生。今天存在的数字鸿沟将在未来几年以次生形态得到改善，这不是因为冠状病毒在全球范围内流行，而是因为危机前存在的商业和政治动态。

在发达工业社会，通过计算机技术，这场危机成为每日 24 小时事件，用于跟踪和预防的监测范围和强度都急剧上升。拥有高度发达信息网络的政府已利用这些网络来收集数据、开发趋势模型、管理供应分配和规划战略。在危机期间，数字技术对个体互动以及为当地提供娱乐和新闻资源至关重要。但这种积极的现象因其呈指数增长的侵犯隐私和公民自由问题而蒙上阴影。

在这场流行病中使用的技术系统在未来无疑将继续保持不变。一个被划分为技术丰富的文化和只有落后资源的文化的世界,将不会为了更公平地应对下一次世界危机而进行重组。利用信息网络以便权势者控制社会的做法将保持不变。然而,如果在病毒之后进行认真的比较研究,比较世界各国不同的信息系统,这些研究可以为全球思维提供基础,推动世界卫生组织、国际货币基金组织和联合国在整个世界陷入下一次全球危机时制定公平的战略。

大卫·马修:从概念上讲,全球化有多种理解。它通常被认为是对市场和经济交流中更广泛的文化活动的延伸。它有一定的脆弱性,因为它多多少少都有更深层次的文化联系。我们当前全球化的核心是一种便利文化:便利的技术①、服装、家居用品、食物、旅行和汽车。

新冠肺炎疫情或许会显示这种全球化的解体是多么简单。当一个人总是审视文化差异,看看是否有风险和潜在的危险时,新的驯化可能会发展起来。

随着各国开始致力于实现文化和经济的真正独立和自主,以商业为中心的信任可能会破裂。这是对我们这个世界上什么是安全的一个新的定义,它可能会瓦解一个广泛的资本主义体系,这个体系在形式上存在差异,但从根本上取决于相互关联的市场,以及相对自由地进行跨市场和跨文化贸易的能力。

唐纳德·马西森:新型冠状病毒不会解体全球化,但它将改变我们对全球不同方面的重视程度。世界各地大规模的人口流动,无论是旅游业带动的短期流动,还是通过移民的长期流动,都受到质疑。依赖海外长期供应链

① ZUBOFF S. The age of surveillance capitalism: the fight for a human future at the new frontier of power[M]. New York: Public Affairs-Hachette Book Group, 2019: 383.

的领域也受到质疑,特别是在卫生和主要工业等关键领域。随着世界回归正常,其中一些担忧可能会被遗忘,但我认为会有所转变。特别是,我认为人们将不会退回到人和物的更多流动总是有益的这类假设中,全球活动将更多地基于规则和受到限制。其中的一个关键问题是,我们用来评估活动的标准。我认为,种族主义、殖民主义和西方中心主义的结构将在西方变得更加强大,其他文化也可能会有类似的反应,例如印度教民族主义的加强,汉族或朝鲜族的文化孤立。但在交流方面,我认为冠状病毒在提醒我们,全球相互依赖的程度已经超出了经济基础,并推动了种族主义。在2020年头几个月,我阅读了大量关于西班牙、意大利、中国、伊朗和瑞典的新闻,这不仅是因为不能孤立地理解我自身的情况,而且也因为这种疾病的影响是针对全世界的,对于富裕国家的影响超过了贫穷国家(至少在最初几个月),跨越了文化和政治边界。有关该病毒在其他国家情况的新闻几乎在所有国家都大幅增加。

格雷汉姆·默多克:全球化不是单一的进程。它的运作涉及多个层面,这些层面对群体间关系和跨国合作具有不同的影响。一方面,我们看到基于国家竞争的对疫情危机的反应明显增多。这在唐纳德·特朗普总统的反应中表现得最为明显,包括其试图确保独家获得正在研制的疫苗,挪用原本运往欧洲的医疗物资,并将病毒的爆发归咎于中国。他的总统竞选是以“美国优先”为口号的,这并不令人惊讶。但鉴于美国在全球舞台上的战略地位,其影响是使国际社会对疫情作出反应变得更加困难。特朗普威胁要停止对世界卫生组织的资助,并一贯无视该组织提供的专家建议,这是对当前紧急情况和未来疫情作出全球回应的一大障碍。

我们还看到,在各国应对这一疫情造成的经济衰退方面,出现了明显的反全球化动力。与2008年的金融危机不同,这次危机的政策干预方面很少或根本没有国际协调。各国正全神贯注于解决本国境内不断上升的失业率、贫困率和企业倒闭问题。已经很清楚的是,全球南方低收入国家将受到最严重的健康和经济影响,如果没有协调一致的国际计划或意愿来解决,这将带来巨大的人力成本。

我们可以在科学界进行跨国合作以对抗这些逐渐走向国家孤立的消极运动。人们愿意分享数据和想法以寻求紧急情况的解决方案,这正在创造一个研究和智力方面真正新的全球共和国。这正是现在最需要的,不仅是为了应对迫在眉睫的紧急情况;而且可以作为一项长期战略,解决使病毒得以在全球传播的环境和经济政策的问题。

温迪·利兹-赫维兹:我认为有几种截然不同的结果。在旅行方面,我个人不得不取消原定在今年进行的几次旅行,并怀疑我今后的旅行会少得多。如果各国之间的旅行没有大幅减少,我会感到惊讶。与此同时,当我们都待在家里时,我通过电子邮件、WhatsApp、FaceTime、Skype、Zoom 和其他形式的数字媒介,从世界各地的更多同事那里听到了更多的信息。他们中的一些人关心我是否仍然健康,另一些人正在设计新的项目让我们所有人都忙碌起来,学术界是为数不多的容易在家工作的职业之一(对于像我这样已经退休的人来说尤其容易,不需要面临在线教学的困难)。因此,当我们不太可能经常去遥远的地方旅行时,我觉得我们中更多人会更积极地通过各种数字媒介与朋友、家人和同事保持联系,无论他们住在哪里。如此一来,全球化就有可能得以维持。

此外,我认为现在全球健康和供应链的影响对每个人来说都更加明显了,也许在未来,各国之间会有更多的合作,至少是同一地理区域的国家之间的合作,以便每个人都能保持健康。正如冠状病毒跨越地理边界一样,我们可以学习到,我们需要进行全球协商与合作。

林文刚:正如我们所知的,疫情之前的全球化就有一定程度的持续转变。事实上,在出现新冠病毒之前,反全球化和反移民言论以及国家政策制定的呼声已经开始高涨,最近的英国脱欧就是这种情绪在某种程度上的体现。在疫情期间,我们目睹了基于种族、民族、地区背景等的群体间偏见言论和偏见行为的兴起。然而,所有这些新趋势都不应阻止既存的群体交流。从这个角度来看,我们有理由建议那些已经接受或致力于跨文化交流的人们继续这样做。尽管如此,这也是我们追求世界和平的关键时刻,我们要加倍努力,共同解决疫情后出现的问题,加强群体间的沟通、文化间的理解和跨境合作。

单波:新冠病毒对群体间交往关系最具摧毁力的表现在于,当医学领域确定无症状病毒携带者存在的可能性时,人们就容易把陌生的他者当作"潜在的感染者",也容易把没有进行病毒检测的熟人当作怀疑对象,使内群体的交往产生心理障碍。意大利哲学家阿甘本极力抨击对"传染"的夸大,人们也知道积极交往心理的重要性,但医学没有帮助人们解除疑惑。平时人们迫于"政治正确"的压力,极力压制偏见的显露,实际上,如果没有基于交往理性的反省,偏见很容易转化为内隐偏见(implicit prejudice)。当遇到病毒传染的潜在压力时,内隐偏见会转化为歧视、侮辱等外显偏见,而随着歧视与侮辱事件的病毒式传播,积极交往心理被消耗殆尽,群体间的交往关系便落入危险之中。

问题三

辛静:有一种比较具有迷惑性的看法:病毒的发展轨迹不仅与新型冠状病毒的性质有关,还与文化有关系。您怎么看待这一观点?

大卫·马修:我不确定我是否理解这个问题。新冠肺炎疫情的发展轨迹当然与它如何入侵人体及其强大的感染能力,以及从一个载体到另一个载体的交换能力有关。

我认为不同的文化背景的人们聚集的方式存在明显的差异,这与病毒的传播有一定的联系。例如,那些生活安排更紧密的人们似乎更容易受到病毒传播的影响。因此,在意大利,由于住房成本等,三代人同住一所房子,这显然是病例激增的一个原因,也是意大利死亡率高的一个原因。

我认为在类似的流行病时期,我们的社会行为模式可能会受到一种文化与其他文化的关系的影响。英国人和他们的岛屿文化有一种距离模式,即使是那些与他们相对亲近的人,他们也与之保持距离。相比之下,以色列文化倾向于与他人站得非常近。有些文化中不包含握手礼仪,有些文化则包含在客人到达和离开时拥抱他们的礼仪。在应对病毒中,我们可能会看到新的人际距离方面的文化认同和行为模式,这涉及如何长远地规避未知他者的风险。例如,美国正在展示他们的治理方式,还有或许与其他文化根本不同的法律。可悲的是,这种基于自由主义的情绪正在制造地球上最大的流行病。

唐纳德·马西森:病毒的发展轨迹更多地与公共卫生现象有关,如良好的公共卫生信息、遏制和管理政策、一个国家的全球化程度以及大型公共集会的存在。德国莱茵兰在2月庆祝狂欢节,爱尔兰在3月庆祝圣帕特里克节,这些无关紧要。当疾病在那里传播的时候,那里恰有很多大型聚会,这一点着实重要。不同的文化对病毒传播的影响不同。瑞典有很大比例的独栋住宅,印度有大量的农村人口,这些对疾病的传播都有影响,但是用这些文化术语来解释病毒的传播确实存在逻辑错误。我认为更重要的分界线是政治文化,特别是一个国家的不同社会阶层之间有多稳定的社会契约及其对政府的信任程度。在我自己的家乡新西兰,以及中国、德国和其他疫情得到更好控制的地方,小政府的意识形态相对较少,对政府的不信任也相对较少。这些契约很脆弱,而且总是在变化,所以不应该夸大它们——人们常说,只有在人民感到富裕和安全的情况下,威权国家新加坡才能保持其合法性——但它们确实根植于政治文化。

林文刚:有很多角度可以阐释这个重要的问题。首先,从科学的角度来看,当前的冠状病毒危机确实不仅仅具有疾病的生物学本质。同时,它也深深融入人类文化,即人们不同的生活方式、信仰体系、日常生活规范和实践等。毕竟,世界在应对疫情或各种流行疾病方面已有数百年的经验。因此,有人可能会说,在我们现有的医学科学知识基础上,世界各地的人们或国家在预测和处理冠状病毒爆发方面应该能够做得比我们目前所看到的好得多。所以,谈论病毒的科学发现或认识病毒是一回事;如何在不同的社会政治文化中理解这些发现,然后交流或采取行动则是另一回事。在这方面,人们还可以找到其他例子说明不同社会或国家的人们如何在疫情爆发期将个人日常健康管理、公共卫生政策制定等与戴口罩联系起来,以及人们对这些做法的不同信仰和态度。简而言之,虽然我们确实需要将病毒理解为医学问题,但我们也必须从社会建设和文化理解的角度批判性地反思新冠肺炎疫情的影响。

单波:把新冠疫情的发展与文化扯上关系是一种令人怀疑的观点。这很容易导致以静止的眼光看文化,而非以发展的眼光看文化。在我看来,文化不仅意味着按照某种文化观念互动,还意味着在交往与竞争中创造某种互动方式。比如,人们喜欢从个人主义与集体主义二元对立的角度看待口罩的使用,其实并不存在这种绝对的划分。任何文化中的人在理解口罩可以躲避飞沫传染的危险之后,都会理解口罩对于维系基本交往的意义,从而调整使用口罩的方式。比如戴口罩的东亚年轻人并不天生隶属于集体主义文化,而是把口罩作为自我表征或与他人隔离的工具,而这都是日常生活的互动使然。把喜欢吃动物、聚餐归结为中国食文化的一大特色,也不过是以偏概全,没有注意到多样化、科学化、个人化的改变。正是因为文化会创造某种互动方式,才会有文化混杂性、文化交叉的表现,不看到这一点,我们很难创造交流的契机。

问题四

辛静:新冠肺炎病毒是否成为不同文化间差异的"放大镜"?人们在看见他者、呈现他者时,似乎更多关注不同之处,例如是否戴口罩、是否封城防疫,是否民主,是否尊重人权,等等。此次疫情对不同文化群体间的沟通具有怎样的启示?

克利福德·克里斯琴斯:是的,COVID-19 是文化差异的"放大镜"。这是一个以疑问形式提出的敏锐分析,上述例子也是令人不安的现实。许多国家都报道了对病毒多发城市的偏见,对被认为是第一批病毒携带者的族群的偏见,企业家解雇员工,而不是帮助他们在疫情中生存。社交距离规则正在引发冲突,它们助长了网络羞辱。由疫情引发的心理压力增加,使得基于阶级、教育、年龄和收入的偏见不断增长。在美国,新冠肺炎疫情放大了引起恐慌的种族失衡。非洲裔美国人社区的感染率是富裕社区的两到三倍。美洲土著居民的感染率是平均感染率的三倍。少数族裔中显示出更高的糖尿病和高血压发病率,这增加了因接触冠状病毒而死亡的可能性,他们获得良好医疗条件的机会也较少。显示这些不平等的放大镜清楚地表明,美国的公共卫生机构必须扩大资源和提高效率,以便无论感染者的社会经济地位如何,都能平等地获得高质量的卫生资源。

大卫·马修:我同意。新冠肺炎病毒强调了不同之处,因为我们每个人都在协商我们与未知的关系。我们当代非乡村生活的现实是,我们不认识其他人,只有揣摩他们的着装、面具、行走方式和其他与文化有明显联系的部分,进而确认他们是朋友还是属于异文化。虽然不被普遍理解,但澳大利亚文化是高度守法的,可能是我见过的公民遵纪守法度最高的文化之一。然而,这种遵从有时会产生对外界的过度恐惧。从澳大利亚的背景来看,封锁并不是无法承受的,因为它是一个岛屿,几十年来都对到达该国度的人进行检查。这是为了保护其脆弱的、与大陆分离的动植物群。在此次疫情中,其边界的构建可能成为新的文化分化的层级。只有当新冠肺炎病毒或者进一步变异的、冠状的病毒大流行持续数年时,这些变化才会达到如此深刻的程度。

唐纳德·马西森:"放大镜"这个隐喻非常有用。在信息匮乏、恐惧和不确定的情况下,细微差异,例如肤色或戴口罩习惯等可能会被放大。这些往往是种族主义的解释,从某种意义上说,他者与"我们"在外表、文化或历史上的差异被用来解释其他更难理解的现象。这两种说法都不太合理。这些本能的种族主义反应是否会成为更长期的趋势,取决于恐惧程度、专家和当局的信息质量以及领导力。在疾病传播期间,新西兰政府提供了四条主要的健康建议,其中一条是"善良"(be kind)。当英国首相出院时,他称赞一名葡萄牙护士帮助挽救了他的生命。我希望这样的说法能挑战那些无稽之谈。

格雷汉姆·默多克:当遭遇威胁时,人们不出所料地会寻找某个人或某件事来为他们的不幸负责。反华偏见在西方文化中由来已久,根植于帝国历史中,特别是在英国和美国。因此,在当前的紧急情况下,这种偏见的成分重新出现不足为奇。与所有偏见系统一样,它提供了现成的假设群和图像库,这些假设和图像可以很容易地被绘制出来,并立即在大众层面被理解。人民币进一步升值,尤其是在美国。一种根深蒂固的感觉是美国正在失去全球第一大国的地位,取而代之的是崛起中的中国。我们在社交媒体上流传的阴谋论中看到了最极端的形式,这些阴谋论声称病毒是在中国的一个秘密实验室制造的。通过反复将这种病毒描述为"中国病毒",特朗普总统给这些想象披上了一层体面的外衣。

更普遍地说,对突发事件的研究始终显示出一种明显地将责任归咎于外部力量的倾向。这有一个后果,那就是转移人们对造成这种局面的内部缺陷的注意力。例如,在英国,十年的财政紧缩和公共开支削减使医疗卫生系统严重缺乏资源,英国没有做好应对流行病的准备,尽管几年前进行的权威研究表明,一场大规模的病毒爆发是不可避免的。

将责任定位于体制外还会强化"我们"国家和"他们"外来者之间的简单二元分化,并模糊社会内部的深层分歧。迄今为止,我们所掌握的证据还不完全,不足以得出一个明确的结论,但它强烈表明,与其他慢性疾病一样,该病毒可能会对穷人和生活在过度拥挤条件下、营养水平较差和有其他潜在健康问题的人群造成严重的影响。

这种病毒不可避免地暴露了通常被推到幕后的社会分裂和不平等的组织,因为在变化的情况下,它们实际上已经成为生死攸关的问题。

温迪·利兹-赫维兹:不同文化理念对疫情的进展产生了实质性影响,认识到这一点很重要,例如认识到戴口罩的作用。一位中国朋友恳求我戴上口罩,并购买了大量的口罩,而当时美国官方表示没有必要这样做。现在很明显,不同的文化已经以不同的方式对此做出了回应。与美国相比,越南和韩国等国在降低新冠肺炎病毒的传播方面更为成功。今后将有很多工作要做,以确切地了解什么是最有效的,以及这些信息如何影响未来抗击疫情的斗争,因为肯定会有另一场疫情。

林文刚:是的,尽管在这之前,各种文化差异早就存在了,但新冠肺炎疫情带来了一系列全新问题、案例研究和数据供我们反思。如果我们能够汲取当前的教训,那么我们会更好地克服跨文化差异,以便更好地全面理解和合作。

单波:我们要生活在多元文化的环境之中,避免在同质化过程中消失,这是我们反思“差异化”的基础。非常矛盾的是,我们不想在同质化过程中迷失自我,但我们又习惯于以差异化的方式把他者归入一个高度同质化的文化群体。克服文化差异往往演变为抹掉文化差异,直接进入基于利益的合作。在不能理解文化差异并建构文化关系的情况下,合作只能是利己的策略,而不可能走向“与他人共在”。

问题五

辛静:有学者认为,新冠疫情的最大威胁是人性面具下的野蛮(barbarism)。您对这样的观点持何态度?

克利福德·克里斯琴斯:“人性面具下的野蛮”是邪恶(evil)问题的一个版本。思想史指出,道德哲学中有区分善恶的悠久传统,典型的观点是人性本恶,而不是人性本善。邪恶之概念确实阐释了跨越国家和文化界限的人类状况,有证据表明全球的人类历史上都有赤裸裸的邪恶。但是邪恶的问题在知识界只得到了有限的关注。它的普遍性并不意味着富有成效的政治行动或有意义的文化变革,同样也不能用于分析新冠肺炎疫情。

相关的概念,如“不公正”(unjust)和“不道德”(immoral)可以体现在政治上、经济上和文化上。“不公正”和“不道德”是消极的术语,但与“邪恶”相比,具有更积极的修辞共鸣。可以研究政府、企业和公民应对疫情的“不公正”政策和做法,并向公众传播。“不道德”的行为,如偷窃、袭击、暴力和家暴,会受到警告和处分。从野蛮的角度来分析和讨论疫情,即人性的邪恶或人性的完全堕落,属于谴责性和抵制性的绝对化概括,不利于文化疗愈和变革。

唐纳德·马西森:我不觉得“野蛮”这个词有用。它起源于希腊,在那里它描述的是不遵循希腊文化习俗的人,从那时起,它就开始指涉因为不遵循“我们的”文明而变得不那么文明的人。文化等级思想常常为统治阶级和殖民主义辩护。然而,这个词对我来说太宽泛了,无法描述我遇到的对于冠状病毒的“他者化”反应。有许多重叠的文化类别被用来形成带有偏见的陈述,其中一些最强有力的类别是相当新的。一个主要的反应是反对科学权威,这引发了社交媒体等非官方渠道中流传的许多奇怪的补救措施,这些措施与人们对疫苗接种、专家精英和整个国家权力的忧虑有关。美国还有一种趋势:将中国在抗击病毒方面的成功、中国的地缘政治和经济实力、美国遏制病毒的努力以及中美之间的经济联系,毫无意义地与各种关于中国的阴谋论联系在一起。尽管这些带有政治色彩的解释都不会在新的解释出现后持续很久,但它们结合起来,产生了基于偏见的分歧。

格雷汉姆·默多克:单向度思维在解决复杂问题上从来不会有多大帮助。将新冠肺炎疫情看作突出了在社会中长期存在的结构性断层线,会更有成效。一方面,我们看到人们的行为完全被占有式个人主义(possessive individualism)和个人利益最大化的愿望所支配。在西方,基本医疗用品的价格大幅上涨,人们争先恐后地将尽可能多的食物和其他商品塞进汽车,超市里发生了斗殴,网上诈骗激增,犯罪分子想方设法骗取老年人的毕生积蓄。另一方面,我们也看到了非常慷慨的、利他主义的和团结的行动。在英国,超过50万人响应号召,自愿支持医疗服务。大量退休的医生和护士出于公民责任感而返回医院。每个社区都涌现了自发组织的志愿者团队,帮助老年人和不得不居家的人们。

新冠肺炎疫情以最严酷的方式告诫我们,在追求美好社会的过程中平衡个人自由和相互支持,我们面临着社会的和道德的选择。

然而,在更广泛的全球范围内来思考这一问题时,我们需要记住,“野蛮”一词最初由古希腊人创造,用来描述不讲希腊语或不遵循希腊习俗的任何人,后来被古罗马人采纳,用来描述他们出征去征服的凯尔特人和其他欧洲部落的特征。这提醒我们,“他者”和建立价值、尊重的等级制度是西方“文明”概念形成的核心。这种二元论证明极具弹性的当代西方话语仍然充斥着“原始”土著民族和“不发达”社会这样的指称。这些鄙视的用语被用来为歧视性干预辩护。巴西政府最近利用流行病这一紧急情况合法侵占亚马逊盆地的部落土地,这是一个特别明显的例子。这里的利害关系是人类对自然世界的责任存在两种截然不同的观点之间的根本对立,即主张本土的宇宙观以及监管与可持续性的做法,与扩大对有限资源的商业开发之间的对立。正如我前面提到的,这些对长期存在的人类和自然生态系统的破坏性入侵正在为新的流行病和气候灾难创造条件。如果我们认真对待这些生存威胁,并在开发保证社会公正和环境可持续性的替代方案上进行合作,我们就需要摒弃“野蛮”与“文明”之间的对立,认真倾听原住民的声音。

温迪·利兹-赫维兹:据我所见,这场疫情既展现了人类最坏的一面,也展现了最好的一面。那些不辞辛劳帮助家人、邻居甚至陌生人的故事远远多于那些利用这一机会回归野蛮的故事,这是希望的象征。

林文刚:当人类的善被表现出来时,它就是最好的;当邪恶伪装成其他东西时,它就是最坏的。因此,从原则上说,如果我们能够清楚地阐明和了解它们,就是一件好事。相对而言,世界各地的人们已经以多种方式回应了他们对新冠疫情的了解。在这个过程中,无论是个人还是集体(如团体、社区、机构等),人们对危机的各个方面采取行动的方式,有助于揭示纷繁复杂的世界观、假设、情绪和行为。我们在目睹恐惧、忧虑、无知、敌意、歧视等消极力量的同时,也感受到了善良、慷慨、合理判断、相互尊重、得体等各种正能量。我们目前正处于疫情的最严重阶段,可能无法尽可能清楚地看到大局,我认为未来的历史学家可以帮助我们更好地了解新型冠状病毒最大的威胁到底是什么。

单波:我同意从辩证的角度理解新冠病毒的影响。从生命进化史的意义上讲,病毒一直依赖生物宿主而存在,人类基因组中有大约8%的序列来源于病毒,人类抵抗病毒的过程也是与病毒共同进化的过程。“病毒”(virus)包含着自相矛盾的词意,既指向蛇的毒液,被赋予“毁灭”的意思,也指向人的精液,显现“创造”的含义。它一面代表致命的毒液,另一面则代表能给予生命的物质。人类作为一种哺乳动物,已经成为和病毒难以分割的混合体。病毒阻隔社会交往,也刺激着社会支持力量,因此,我们才能看到,来自不同社会群体的支持成为抵御社会溃败的免疫力。

问题六

辛静:有学者认为,新冠肺炎病毒的持续蔓延激活了蛰伏于人类社会中的意识形态病毒,如假新闻、污名化、偏执的阴谋论和种族主义,甚至引发了交流的战争,您怎么看待这样的说法?

克利福德·克里斯琴斯:我看到的所有研究证据都证实了这个结论。

已经释放出的意识形态病毒数量惊人,这对于我们传播学来说尤其困难,我们希望公共传播能够应对这场危机挑战,不受危机的负面影响。然而,当我坦诚地面对这些可怕的现实时,我却有不同的解读。是的,意识形态病毒正在增长,但它们并没有压倒真相。真相是健康社会的核心,是科学、教育和商业所必需的,也是人际关系的核心规范。这个来自世界各地伦理体系的基本理念在新冠肺炎疫情中被证明是正确的。几乎在每个社会中,医学事实都占据上风。医生、科学家、实验室技术人员被认为是病毒状态的最准确指南。在美国,由卫生官员指导的州长,无论事实好坏,他们都会陈述事实,这样的州长拥有高信赖度。对于政府官员和公民来说,关于死亡率、住院率、幸存者的年龄和状况以及药物是否经过适当测试,这些真相是很重要的。公众中有阴谋论、骗人的灵丹妙药和种族主义嘲讽,但这些做法并没有让危机时期对我们的社会福祉至关重要的真相原则失效。

大卫·马修:我不确定我们是否能将所有这些“意识形态病毒”与新冠肺炎病毒联系起来。毫无疑问,交流传播之战数年来一直在全球的不同背景下展开。这种新的传播战争游戏所引发的新的不稳定性,产生了我的文章中所说的“新口碑文化”(new word-of-mouth culture)[①]:社交媒体新闻和分享,现在与工业化的、算法衍生的将个人活动与其他信息茧房关联的模型紧密地联系在一起。新冠肺炎疫情产生了许多这样的例子,强化和加剧了我们的新信息流的弱点和不稳定性。它还产生了一种监视我们兴趣的工业体系,我们一直在极度商业化,有时是政治驱动的方向上被掠夺。

唐纳德·马西森:在社交媒体、新闻媒体和对话中流传着大量关于新型

① MARSHALL P D. Celebrity, politics, and new media: an essay on the implications of pandemic fame and persona [J]. International journal of politics, culture and society, 33 (1): 89-104.

冠状病毒的言论,这些言论都利用了一些话语结构。话语社会心理学(discursive social psychology)[①]将这些描述为人们利用的解释资源,以便理解情况并证明他们的反应是正确的。不过,重要的是将这些放置在一个更大的图景中。一方面,历史有相似之处。在英语为母语的文化中,丹尼尔·笛福(Daniel Defoe)的《瘟疫年纪事》(1722)回响了300年,尤其是关于健康疗法、对动物的恐惧、社会阶级分化和充斥着英雄主义或自私自利事件的描述。这些相似之处表明,一些话语资源是长期存在的;当前的信息环境更多的是渠道,而不是起因。另一方面,随着更多信息的提供,随着每个地方的局势变得更加稳定,随着人们经历震惊、悲伤、愤怒和其他情绪,故事的流传可能会经历一系列阶段。我认为一个关键问题是我们如何度过这些阶段,以及专业传播者如何帮忙筛选材料,强调社会凝聚力的传播,培养科学素养,并追究那些宣扬不真实故事的人的责任。

格雷汉姆·默多克:使用病毒和传染的隐喻对于理解数字网络上的阴谋和假新闻的传播没有帮助。病毒不具备有意识的意图,所以责任的概念是不适用的。我们从法国的群体心理学家泰恩(Taine)说起更便于理解。1878年,泰恩对法国大革命鼎盛时期混乱的信息流发表评论:“没人知道谁在说话,没人对所说的话负责。每个人都在那里……伴随着意见的旋涡,或预制的消息、攀升的谣言,以及狂热分子之间相互排斥的夸张言论。”[②]这与我们的现状有强烈的共鸣,但有一个关键的区别。我们现在的主要沟通方式是互联网,在一些主要平台上出现的许多谎言和虚假陈述都是为了商业或政治目的而精心设计的,它们很方便地隐藏在匿名或虚构的姓名发布的

---

① POTTER J, WETHERELL M. Discourse and social psychology: beyond attitudes and behaviour [M]. London: Sage Publications, 1987.

② TAINE H. The revolutioin[M]. DURAND J, Trans. London: Paldy, Isbister & Co., 1878:31.

帖子背后。很多关于疫情的误导性信息和断言都来自相同的信源,都在否认气候危机。我们看到相同的帖子对现有科学证据的否定,相同的帖子对眼前的经济和政治利益的优先考虑。这方面的责任在于以 Facebook 为首的互联网平台未能充分进行把关,以及以特朗普总统为首的政治家们随时准备支持和转发破坏性的谣言和虚假陈述。

温迪·利兹-赫维兹:同样,我认为这场流行病引起了截然相反的反应。一方面,一些人的反应是散布假新闻,增加对其他人的污名化和种族歧视;另一方面,许多人的反应是注意到我们所有人的本质人性:我们中的任何一个人都可能死于病毒,无论我们是谁,我们担任什么职位,或者我们有多少钱。当然,那些有更多钱和更有生活保障的人过得更轻松,因为他们更有可能拥有足够的钱来支付意外的费用,更有可能有医疗保险来满足意外的医疗需求,更有可能有一个安全的地方来“安身避难”。因此,很明显,这场流行病向任何持怀疑态度的人表明,污名化和种族主义仍然存在,并对人们的生活和福祉产生重大影响。新冠肺炎疫情也揭示了移民的真相:大多数移民在社会中扮演着实质性的角色,帮助而不是伤害当地人。这一点在数据中尤为明显,移民在社会各部门中所占的比例很大,这些部门最终被证明是必不可少的:不仅是医疗保健,还有农业和供应链的各个方面,从卡车司机到杂货店店员。

林文刚:事实上,种族主义、阴谋论、虚假信息、歧视等早在当代社交媒体出现之前就已经存在了。当然,基于哈罗德·因尼斯、马歇尔·麦克卢汉和尼尔·波斯曼的媒介环境学,关于事实或观点、偏见、假新闻、偏执的阴谋论、政治操纵等是如何表现、传播、获取、理解和行动的,数字社交媒介引入了一套全新的时空偏向(或遍在)。例如,当我们的智能手机中来自各种信源的信息爆炸之时,我们在做出反应之前往往没有太多时间去理解我们在这个小屏幕上看到的东西,更不用说以可持续的道德伦理方式做出合理的判断或决定了。因此,传播学学者和教育工作者必须发挥重要作用,积极倡导和帮助提高各个教育阶段的学生以及公民的媒介素养和信息素养。

单波:意识形态病毒就是一种虚假意识病毒,它假定了正常与不正常、现代与非现代、我们与他们的不平等关系。要摆脱意识形态病毒的幽灵,有必要借助罗尔斯"无知之幕"的思维,把人还原到与病毒共同进化的同类,把所有人都纳入自然、生物、物的关系中考量,还原为栖居于"病毒星球"的人,在此基础上建构自由而和谐的交往关系。

问题七

辛静:在此次疫情中,社交媒体似乎站在了风口浪尖,您如何评价社交媒体在新冠肺炎疫情中的角色与作用?

大卫·马修:关于社交媒体和新冠肺炎疫情,我有几点要说。一是,人们忽视了自我隔离实际上已经让老一辈人更多地使用和追随社交媒体平台。因此,在疫情之前,大多数社交媒体平台的功用都偏向年轻人,现在你会在这个空间中发现更丰富的受众群。这带来的影响是多方面的。模因(memes)现在正朝着全新的方向发展。新闻追踪着许多人使用规律中的相似模式。从广义上讲,我们分享和交流的情感形式现在是由更大规模的人群通过日常生活和每天的碎片化时间来完成的。因此,有更多人发布的帖子是关于他们的狗玩耍,他们锻炼身体,更多的笑话,以及更多的根据疫情改编的歌曲。这显示出一种情感分享和联系的新常态,使得过去的媒介形式相形见绌。[①]

二是与我们使用移动技术有关的新发展。新冠肺炎疫情已经让为保护他人而扩大对我们个人的监视变得可以接受:我们可能会在未来经历肖莎娜·祖博夫(Soshana Zuboff)所描述的"蜂巢生活",在那里,为了所有人的表面利益而被注视和监视是正常的。[②]

唐纳德·马西森:在西方,社交媒体因放大错误信息(misinformation)(分享错误或不充分的信息)和虚假信息(disinformation)(故意分享此类信息)而受到广泛批评,例如2016年美国总统大选期间、英国脱欧公投期间的低质量的公众讨论。美国最大的社交媒体公司被迫对两种趋势承担一定责任。第一,随着新闻公司财务生存能力的减弱,专业新闻媒体正在衰落;第二,快速传播共享内容的结构,使得低质量的新闻信息被广泛分享。作为回应,YouTube 改变了算法,将官方信息固定在页面顶部。Facebook 和 Twitter 也做出了回应,方式主要是删除信息。相反,西方媒体的报道则赞扬了微博的作用,包括公开武汉出现病毒的消息,网民分享主流媒体上没有出现的信息。这两种占主导地位的叙事——信息污染和言论自由的益处——制造了一种错误的二分法。我认为社交媒体的一个被忽视的强大作用是在社会混乱和隔离期间建构社群,因为家人、朋友、邻居、同事和其他人都找到了建立联系和分享观点的方法。当然,这可能于社会各群体并不都具有建设性。社交媒体社群也会推动监视、谣言分享以及"我们"和"他们"的结构建立。

格雷汉姆·默多克:在此次疫情期间,社交媒体的使用迅速扩大。人们

---

① MARSHALL P D, MCSTAY A, BAKIR V. (Mediated) Emotion in the age of COVID-19 pandemic[C]. International (virtual) workshop seminar, Deakin University, 21 April 2020.

② ZUBOFF S. The age of surveillance capitalism [M]. New York: Hachette, 2019: 445-474.

在各种“封锁”要求下被限制在家中,正常的工作、社交和文化空间都被关闭了。互联网使用的四个趋势清晰可见。其一,在家工作和参加虚拟工作会议的人数显著增加。这些举措的相对成功可能会对较长期的工作安排产生重大影响。其二,公共文化机构一直在向所有人免费提供其专业知识和作品。博物馆、剧院、美术馆、管弦乐队和大学都提供了更广泛的在线素材和经验,为新的文化共享区的建立奠定了基础。同样,这可能会对未来的政策产生重大影响。其三,当人们待在家里寻找保持社会联系和表达自我的方式时,民间创造力出现了爆炸式增长。比如,市民们乔装打扮模仿名画中的场景;澳大利亚的人们穿着精心制作的服装将垃圾桶推到路的尽头以便垃圾回收,这是他们为数不多的离开屋子的机会之一,所以将之拍摄成视频;在其他地方,人们加入了虚拟的舞蹈社团,一起唱歌,参加虚拟晚宴。这些证实了早期评论家对互联网的乐观预测,他们认为互联网是新形式的大众表达和社交的技术基础。其四,诚如前面所言,我们也看到破坏性谣言、假新闻和攻击性言论明显增加。

所有这四种趋势从一开始就被写进了数字网络所提供的可能性中,但新冠肺炎疫情加剧了这些趋势,使更多人更容易看到它们。然而,挑战是一如既往的——如何最大限度地结合积极的潜力和最大限度地减少负面影响。这场疫情再次凸显了在一个相互联系的世界中公共政策面临的选择,并使人们重新关注两个主要问题。

第一个问题涉及“数字鸿沟”的复原能力,社会和文化中的动态变化将老年人口和贫困人口这些重要部分排斥在外,使得他们无法获得和利用互联网提供的各种创新,以及社交和信息的机会。第二个问题涉及商业和政府对人们数字轨迹的跟踪和收集,重要的是谁有权获得这些数据及其可能的用途。在疫情期间使用智能手机的应用程序进行联系和追踪,使得这一问题成为人们关注的焦点。在这两个问题都得到阐明和解决之前,社交媒体的任何扩张都将成为问题。

温迪·利兹-赫维兹:在疫情期间使用社交媒体的积极一面是,它们允许我们通过广泛的信源轻松收集信息,并与朋友、邻居和同事保持联系。从生日聚会到与远方的长辈保持联系,再到即使员工在家工作也要召开会议,它们已经被用于各种场合。消极的一面是,许多人没有能力将虚假故事和真实故事区分开来,因此,经常无意中分享不应该被认真对待的故事。这表明,我们需要更多的媒介素养培训,并面向更多的人。我知道有几位同事已经开始研究社交媒体在这一时期的作用。希望我们能为未来吸取有用的教训。

林文刚:在很大程度上,社交媒体已经成为许多人,尤其是会使用相关设备的人最普遍、最重要的通信基础设施之一。将数字社交媒体作为一种交流工具可以理解为浮士德式交易的一种形式。一方面,社交媒体允许人们迅速分享有关病毒的信息、资源和见解,这可以帮助很多人对抗病毒。另一方面,它们也可能被用来制造许多问题,如假新闻、谣言或其他虚假信息的广泛传播,因为社交媒体已经成为传播错误信息、偏见和群体间冲突的地方。依我之见,在疫情期间及任何其他危机期间,社交媒体的使用情况如何或能发挥多大作用在一定程度上取决于优质媒体的培育和民众信息素养的提升程度。

我可以分享一些我的观察:

首先,在疫情期间,将富人和穷人区分开的数字鸿沟的类型和程度将持续显现(如果不是放大的话)。我在新泽西州的一所公立大学对我的学生做了一个简单的调查,发现当他们在政府的"居家"令中被责令回家后,并不是所有的学生都有平等的机会接触数字信息技术。我的一些学生家里没有功能齐全的计算机(例如,没有网络摄像头,音频故障,处理速度慢),没有足够带宽或容量的宽带服务,没有稳定的 Wi-Fi,等等。在我看来,这样的数字鸿沟带来了教育公平或教育缺乏的问题。简单调查的结果使我将自己的课程转换为在线远程课程时,采用了对所有学生都更加公平的方式。在更广的层面上,我们还必须非常注意社会其他阶层(例如社会经济阶层之间、不同年龄或性别群体之间、城市和农村之间)以及处于不同工业或技术发展阶段的国家之间存在的这种数字鸿沟。

其次,在疫情期间,完全在线教学也突出了识字率的差距,将那些能够读写的学生与那些不能读写的学生区分开来。在另一个层面上,受传统的、以印刷品为基础的阅读和写作教育的人与精通数字媒体写作和理解数字媒体的人之间也存在媒介素养鸿沟,在数字媒体中,短文本信息往往与各种多媒体表现形式并存。我们必须更好地了解这些不同形式的文化鸿沟,以帮助改进我们的教育工作,促进世界各地人民之间更好、更有效地沟通。

最后,正如我前面简要强调的一样,我们必须尽最大努力,不仅要在各级学龄学生中,还要在社会各阶层人士中,提升媒介和信息素养教育。与所有其他形式的交流类似,社交媒体的好坏取决于我们如何使用它们。社交媒体可以用来提供信息,反之亦然,它们也可以用来发布虚假信息。随着越来越多的人使用社交媒体和其他网络通信技术来获取信息和娱乐,或者以其他方式了解他们周围和外部的世界,他们应该具备评估和理解他们在媒体上看到的东西的能力,同时能够在他们的决策过程中做出合理的、批判性的推理和判断。总之,倡导媒介素养和信息素养教育是传播学和传播学教育的下一个前沿领域之一。

单波:这依然要从辩证的角度去理解。一方面,在网络社交空间里"游荡"的人被流量驱动的病毒式传播围困,为传染性媒体所携带的谣言所迷惑;另一方面,寻求解决之道的人则参与公共空间建构,在悲伤与抚慰、求助与救助、怀疑与共情、争论与动员相交织的情境下展开讨论。

问题八

辛静:面对新冠肺炎疫情,中国部分省市除了依靠基层行政体系和社区组织体系进行群众动员外,还采用了一些地方文化符号,例如通过地方戏剧的网络微视频、改编的各种情景剧等手段进行防疫动员。您所在的区域有基于地方文化元素的防疫动员吗?效果如何?

克利福德·克里斯琴斯:我们当地有许多基督教堂,还有一些犹太教堂和清真寺。多种视觉产品被制作出来,教家庭成员如何在隔离期间享受彼此的共处。在 YouTube、Facebook、Zoom、Skype 上都可以观看礼拜仪式、说教、音乐和家庭活动的直播。对于这些宗教中心的人们来说,看到感染者在没有朋友和家人在场的情况下与世隔绝地死去尤其悲惨。许多歌曲、祈祷、诗歌和绘画都是在当地创作的,并上传到网络,以帮助那些正在悲痛哀悼的人们。

当地学校的老师也找到了寓教于乐的方式来教育学生和学龄前儿童。一些老师强调互动交流,他们要求孩子们相互展示图片、游戏、宠物和拼图。高年级的教师们则使用各种在线交流方式,将他们的学科与世界各地的病毒联系起来。他们创建聊天室,学生们可以在这里互相学习,为彼此提供情感力量,提高文化洞察力。一些人正在将想法和故事编入在线百科全书,作为一种供需要的人随时查阅的有用资源。

单波:在武汉,给我印象最深的是,封城初期,为了劝人们戴口罩,推行了“全民口罩行动”。在这个行动中,戴着口罩出门的人们成了流动的隔离者,既让口罩从作为病毒的隔离物,延伸为防范的媒介,又使其转化为"年货""紧俏物资",成为资源配置、关系连接的媒介。平时习惯戴口罩的明星或耍酷的年轻人,把口罩作为减弱交流不适的工具,现在口罩转化为人与人之间、群体与群体之间表达爱心的工具,"别忘记戴口罩""送你一盒口罩"成为最暖心的话语。

问题九

辛静:您是否认为,新冠疫情将使世界格局发生变革,历史经验将被分为新冠前(B.C., Before Corona)和新冠后(A.C., After Corona)?

大卫·马修:是的。我认为我们正在经历一场深刻的变革。它既是文化的,也是经济的。这一变化也是一种认识,即可能需要重新考虑人类与世界的关系,以及我们可能需要如何改变这种关系,使之成为一个更具环境可持续性的星球。工业的崩溃、驾车的减少、空气污染程度的普遍下降,让许多人开始对更广阔的世界以及人类与更广阔的世界的关系有了一些不同的看法。

同样清楚的是,我们需要发展我所说的新的全球公民权。换言之,新冠肺炎疫情将在我们的世界中制造恐惧,这将阻碍跨文化交流和沟通;但从根本上说,我们需要弄清楚,在我们的世界如何走向未来、如何保护文化、如何连接思想和创新、如何保护文化群体方面,我们所有人都应该被纳入和被赋予权利。我们现在尚无有效的全人类与全球决策的联系,这场危机清楚地表明,我们都应该成为全球文化中这些更广泛的决策和路径中的明确代理人(proxies)。

格雷汉姆·默多克:现在很明显,新冠肺炎疫情引发了一场结构性危机,影响到现代社会生活的各个方面和层面。

它引发了资本主义的经济危机,评论家们越来越多地将其与20世纪30年代的经济大萧条相提并论。在美国,多达四分之一的劳动力可能会失业;许多实体企业可能会倒闭;主要受益者将是得以进一步巩固企业权利的主要互联网公司。这场疫情暴露了全球即时供应链的脆弱性,并有可能刺激更大程度的对国家经济自给自足的需求。

在疫情期间,购物者的选择范围有限,再加上感染致命病毒的威胁一直存在,这促使人们越来越多地质疑建立在过度消费基础上的经济和社会秩序,并迫使人们重新思考什么是美好生活的优先事项和概念。

在强制封锁的情况下,人和汽车远离街道,空气质量得以迅速改善,污染水平降低,大大缓解了高汽车持有量对环境的负面影响,并促使人们在疫情后提出的任何改革建议中都充分考虑气候变化。

共同承担风险促使社区层级建立新的社会组织形式,增强团结意识,同时重新考量不同类型工作的社会价值。在英国,每周四晚上8点,人们会站在自家门口的台阶上,或从公寓的窗户探出头来,为所有冒着生命危险拯救他人的医疗保健服务人员鼓掌。越来越多的人认识到,正是这些工人和送货司机将食品包裹起来送到家里,收走垃圾,这些人是社会生活中不可或缺的,而曾经享有广泛知名度的名人和有影响力的人则是可有可无的。

这一流行病还使得新自由主义经济政策所加剧的严重社会不平等问题成为人们关注的焦点,英国最近的官方研究表明,不同人群的死亡率存在着惊人的差异,如在经济上处于有利地位的人群和生活贫困的人群,黑人、亚裔社区的公民和大多数的白人。

新冠肺炎病毒已经在所有支持发达资本主义日常生活的墙壁上凿开了裂缝,并挑战了舒适的假设。一旦疫情得到控制,这些中断将带来什么变化，将一如既往地取决于抗争力量的平衡。但最不可能的结果是回到新冠肺炎之前人们熟悉的“常态”。

温迪·利兹-赫维兹：这不是我第一次看到这个意见。其中，托马斯·弗里德曼(Thomas Friedman)为《纽约时报》撰写了一篇评论文章，题为《我们新的历史鸿沟——新冠前和新冠后的世界》。[①] 考虑到很多地方的人们已经在家待了几周或几个月，以及从死亡人数到失业率，再到企业倒闭和供应链的破坏对一切的影响，很难辩称新冠前后不会有明显的分歧。

林文刚：这是一个非常大而复杂的问题，因为它涉及“世界格局”。但可以想象的是，全球化进程中的某些跨境商业行为可能会以某种方式发生变化，并在不同程度上发生变化。例如跨国公司可能会在重新分配或构建其全球供应链时提出新的战略。即使在取消旅行限制后，国际旅游和各种旅行的新模式或做法也可能会出现。另外，一个明智的愿景是，世界各国能够制定一个更协作化的全球框架，以便更有效地协调和相互援助，应对未来在如此深远的范围内出现的跨境危机。

问题十

辛静：中国的主流观点认为，此次疫情更凸显了人类是一个休戚与共的命运共同体，唯有团结合作，才能应对各种全球性的风险挑战。您是否赞同这样的说法？

克利福德·克里斯琴斯：是的，我完全同意这种主流观点，这基于我对人类伦理的理解。当下疫情正在阐明伦理世界，我认为这证实了建立在共

---

① FRIEDMAN T. Our new historical divide: B.C. and A.C. — the world before corona and the world after corona[N]. New York Times, 2020-03-07.

同伦理基础上的团结与合作世界的必要性。我来详细说明一下新冠肺炎危机如何凸显根植于社群伦理的社会正义哲学。

在这种流行病引发的剧变中,当今世界的一些显著观念体系引导着我们的是非观。一种主导北美和欧洲大部分地区的道德伦理观念是功利主义(utilitarianism)。个人和领导者的目标是最大限度地造福于大多数人,同时尽量降低对于少数人的伤害。这意味着多数人受益的代价是接受一些人的伤亡。一些领导人持此看法,他们认为有利于整个国家经济计划的才是关键,而不是把重点放在那些住院和垂死的病人身上。但是,在世界上任何地方,如果说应对这一疫情的正确方法是用金钱观为大多数人提升幸福感,这几乎没有可信度。

个人权利的伦理性也很突出,有权为自己而活,这是除我之外任何人都不能决定的权利。在美国已经有太多的例子了,一些政党和自私的恐慌性购买无视抗击这种传染病的规则。但是,在世界范围内的生死危机中,几乎每个国家的大多数人都不认为个人权利哲学是一种正当的方法。

约翰·罗尔斯(John Rawls)的伦理学在西方也得到了广泛的宣传,并在世界各地得到了不同程度的推广。在罗尔斯的战略中,无论我们是富人还是穷人,在“无知之幕”背后,人们都会为自己寻找最安全的选择,而不是将自己置于危险之中。因此,福利政治是确保每个人都拥有基本必需品的一种可信的方式。罗尔斯的思想是社会契约理论的最高级形式,在富裕时期和有远见的政府中运作得相当好。新冠肺炎疫情的规模、速度和未知因素造成了混乱、不平等和分裂,而不是国家层面上有效应对危机的连贯战略。它留下了就业需求与他人医疗安全的争论和矛盾,对自由的渴望被病毒信息和其控制的网络所侵蚀。

社群主义伦理,有时被称为公共道德或共同利益伦理,是另一个受到疫情考验的伦理观。在这种伦理中,我们的身份来源于我们所属的社群,因此,个人权利不如社群规范重要。如何过上好日子取决于共同生活的社群。当需要自我隔离、检疫或封闭时,病毒正在攻击共同理念的核心。但是,我们生活中关于关系的核心共同理念,来自孔子的、来自女权主义伦理学的、来自非洲乌班图的、来自宗教思想家的,实际上都在经受着新型冠状病毒的考验。这些伦理观在疫情最终得到控制时,有可能成为团结协作的可靠保证。公共利益的伦理观建立在社群的道德楷模基础上,他们鼓励和激励其成员协作生活。世界各地都出现了道德楷模——医生和护士,教师和公共卫生工作者,彼此照顾的父母和孩子们,以及尽可能照顾其他人的人、具有公仆心的警察和安保人员等,这一名单几乎是无穷无尽的。新闻正记载着他们的故事,社群中数百万道德楷模是我们在这场危机中幸存的关键,也是当疫情得到控制时我们公共繁荣的关键。

大卫·马修:确实有一个共同的未来。我们可能暂时不理解这个集体的未来意味着什么,但我们必须弄清楚如何以肯定和平等的态度对待差异和分化。贫富差距可能是我们应该努力消除的,确保其不成为我们未来集体世界的一部分。

唐纳德·马西森:在重大的全球危机之后,这个问题经常会出现。我希望21世纪初外交政策的单边主义主线(如美国入侵伊拉克)将让位于更多的多边方式。正如世界卫生组织和意大利领导人所指出的,一艘正在下沉的船的头等舱是没有任何保护作用的。因此,全球合作的模式至关重要。强有力的道德楷模,表达对他人的关心和互助,以及不让富人和强权凌驾于他人之上的沟通和政治结构,似乎越来越重要。软实力、公司的全球权利和信息控制等概念要遭遇挑战,因为它们的运作是为了少数人的利益,而不是大多数人的利益。流行病学家和病毒学家之间的沟通一直是一种值得进一步审视的模式,以探测出它在鼓励合作方面的运作情况。初步看来,通过资源充足的国家和全球信息交流,从事全球公益活动的科学家之间的协调和快速沟通,是我们可以借鉴的模式。

温迪·利兹-赫维兹:美国医学会主席帕特里斯·哈里斯(Patrice Harris)说:“这种病毒没有国界。这是一场全球性的疫情。当然需要全球合作。”[①]这句话在我的社交媒体订阅源中出现了多次,大多数时候都没有署名,但它总结了显而易见的反应。如果我们面临全球性挑战(就像我们在应对气候变化问题上所做的那样),我们就必须准备好全球应对措施。这就是为什么如此多的科幻小说假设外星人入侵时,理所当然地认为地方或国家的争执会被立即搁置一边,以对抗共同的敌人。我们现在就被入侵了,所以我们必须在共同的战斗中合作。

林文刚:同意。事实上,“只有团结合作,才能应对各种全球性风险和挑战”的观点,是世界各大洲的许多公民共同持有的重要观点之一。当然,尽管这是一个值得称赞的理想,但在可预见的未来,各种形式的冲突,如跨境指手画脚或就谁该受责备而展开政治内讧,极有可能继续下去。因此,一个关键问题应该被提出:世界的不同国家、文化以及地缘政治利益如何能够合作实现这样一个崇高的使命?

单波:人类命运共同体必须建立在共同理解的基础上。这个共同理解不是仅仅基于对某种伦理规则的理解,而是对共同处境的理解,即通过理解人与病毒共同进化的过程,理解万物之间的依存关系、人与万物的互动关系,从而真正理解“万物皆媒”所构成的社会交往关系。

---

① LEMON J. American nurses association calls decision to halt funding to WHO ‘misguided’, implores Trump to reconsider [N/OL]. Newsweek, 2020-04-15[2020-07-15]. https://www. newsweek. com/american-nurses-association-calls-decision-halt-funding-who-misguided-implores-trump-1498144.

问题十一

辛静:我们如何才能更好地为应对下一次全球性挑战做好准备?

温迪·利兹-赫维兹:如果我们不必每次都重蹈覆辙(reinvent the wheel),那真的会很有帮助。不仅与其他国家共享信息,而且与子孙后代共享信息也会有所帮助;增加而不是减少对世界卫生组织等主要国际组织的资助将有所帮助;想想这次需要做而没有做的事情,然后下次这样做也会有所帮助。

林文刚:全世界目睹了来自不同地缘政治边界和文化环境的利益相关者在应对疫情时的得与失。现在应该很清楚的是,在应对新型冠状病毒迅猛而广泛的爆发所带来的诸多问题和挑战方面,没有一个社会或国家做得绝对正确。因此,我们将需要来自不同领域的大量专业知识,以更好地为下一次全球挑战做好准备。在这方面,我们可以首先对世界各地的"最佳做法"进行一次调查:人们如何可持续地与我们的整个自然世界,特别是与动物建立良好关系;领导层如何通过健全的公共卫生教育和危机管理更好地服务于民众;决策者如何改进公共卫生政策和指导方针,以便向公众透明、及时和公平地传播能够有助于保障人民福祉的适当种类和数量的信息;各国如何能够更好地促进彼此之间的跨境合作;在数字电信时代,媒体和传播学者如何更好地帮助促进跨文化理解和群体间互动;等等。当然,这方面的利益相关者也需要知道,如何将他们从世界各地学习的最佳做法本土化。

辛静:一直身处疫情中心武汉的我,自 2020 年 1 月以来,收到了来自世界各地的亲朋师友的关切问候。在接下来的数月中,武汉的疫情逐步得到控制,全球的疫情形势却趋于严峻。在此,由衷感谢嘉宾们在克服重重困难抗争疫情之时接受访谈,探讨疫情背景下对全球交往的敏锐洞察与深刻反思。

学者们犀利地指出了全球疫情所凸显的一系列问题,这些问题围绕着三组核心关系展开。一是人与环境的问题。在深陷流行病危机之时,仅处理人与病毒的关系是短视的,亟须正视人与自然、生物、物的关联互动,重视更广阔的气候和生态背景。二是人与技术的问题。不断深化的数字鸿沟、日益普遍的网络监控和隐私侵犯、芜杂的信息环境中丛生的虚假信息等,是学者们通过丰富的例证提出的关注焦点。三是人与人的问题。脆弱的信任关系,社会分裂和不平等,种族主义、殖民主义和西方中心主义等问题在疫情中被主动或被动地放大,不仅凿开了全球社会中长期存在的结构性断裂层,更试图拖拽更多人在这暗流涌动的危险断裂带中穿梭。学者们认为这一问题是危机的根源之一,对此感到尤其焦虑。

针对这些问题,参与访谈的学者们提出了至少三方面的反思。一是反思自我。个体在疫情中不公正、不道德的行为,人类的消费狂欢、理性自负、盲目崇拜、人类中心主义的信念等,都值得逐一审视。二是反思当前信息环境的复杂性、不稳定性和动态性。新闻与传播学科亟须在此领域做出积极贡献,培育优质媒体,倡导和提升媒介素养和信息素养教育是值得追踪和拓展的前沿方向。三是反思社会结构的断裂和全球协作的匮乏。当前疫情下的全球性政策干预和国际协调非常有局限性,在全球化与逆全球化浪潮的交织摇摆中,全球范围的断裂层,甚至断裂带正逐渐成形。学者们高度认同中国提出的“人类命运共同体”理念,疾呼只有团结与合作的世界才有助于人类应对结构性危机、世界格局变迁和各种全球性风险挑战,才有可能栖居于共同的星球,拥有可期的未来。同时,致敬为我们带来希望和力量的世界各地的道德楷模,感恩他们在现实生活和网络社群中带给人们的真诚、慷慨和善良。

(编辑:张春雨)

全球网络社区的建构：一个跨文化交际视角

◇ 陈国明*

摘　要　三十年来，新媒体与全球化潮流的结合，已改变了人类沟通的方式与人类社会的面貌。一个与传统不同的全球化社会已逐渐形成。但这个全球化社会的出现，并不意味着新的、共享的全球社区意识会同步形成。因此，如何培养出一个命运共识与共享的全球社区就成了学者必须面对的重要的研究课题。本文旨在针对这个问题，建构一个以包容性为基础，区民于其中互动能感到安心与安全的全球社区。本文以"家"这个概念的关系、过程与意义三个属性，把全球社区视为一个"文化之家"，并从跨文化交际学的脉络性、边际博弈、边际智慧与全球社区伦理四个视角，来论述这个全球社区的建构。

关键词　新媒体，全球化，全球社区，文化之家，跨文化交际脉络性，边际博弈，边际智慧，全球社区伦理

---

* 陈国明，美国罗德岛大学传播学教授。

Construction of a Global Community: An Intercultural Communication Perspective

Abstract The rapid development of new media in the last three decades not only accelerates the globalization trend, but also transforms human society into a highly interconnected and complex network through changing the way people interact. This indicates that a global society is gradually emerging due to the convergence of new media and globalization in the new century. However, the emergence of global society does not necessarily mean that a new sense of community will follow. This paper attempts to tackle this question by using the three elements, i.e., relation, process and meaning, of the concept of "home" to theorize the concept of "global community". It is argued that the coming global community is a new "cultural home", which can be analyzed from the four perspectives, including the contextuality of intercultural communication, boundary game, boundary wisdom and global ethics, of intercultural communication study.

Keywords new media, globalization, global community, cultural home, contextuality of intercultural communication, boundary game, boundary wisdom, global ethics

一、前言

新科技所带来的全球网际网络,经由融合了人际与大众传播的创新功能,无阻地纵横人类社会。它与全球化潮流的结合,不仅颠覆了人类传播的方式,更进一步改变了人类社会的面貌。网际网络的数位、融合、互动、超文本与虚拟化的功能,一方面带来了全球性的联结,在模糊了人际与大众传播的界限之下,使不同文化的个人与群体能自由无限地互通信息,进而改变了传统的空间与社会建构,形成了一个崭新的全球城镇广场。[①] 于其中,人们在虚拟的空间里自由自在地投射自己的形象,并经由意见的自由表达与对时空概念的重新定义,建构了一个与传统不同的现实,一个由不同文化族裔组成的新社区于焉形成。另一方面,网际网络在提高人类生活诸多便利之时,也产生了诸如假新闻乱飞、媒体立场偏颇、网络霸凌充斥、网民暴力流行、隐私尽丧、沉溺弱智、沟通能力败退、孤独寂寞等负面的效应。[②] 这意味着由文化认同与文化多元高动态性的拉锯互动所形成的跨文化相互联结的网络社区,虽已成为全球化社会的重要环节,但也同时显现了网际网络科技让分化与同一在人类社会中矛盾共存,又彼此相互竞争。这个全球网络社区的出现,并不意味着一个新的、共享的全球社区意识会随之形成。因此,如何构建一个命运共识与共享的全球网络社区就成了学者必须面对的一个

---

① 陈国明. 全球化背景下新媒体对跨文化传播的影响[J]. China media report overseas, 2013, 9(1):6-15;MA R. Internet as town square in global society[M]//CHEN G M, STAROSTA W J. Communication and global society . New York: Peter Lang, 2000:93-106.

② 陈国明. 博导专访:罗得岛陈国明教授[EB/OL]. (2019-05-09)[2020-05-30]. https://sway. office. com/zbVCHAAPx87ezE9L? ref = Link&-fbclid = IwAR0qpVuj8O _As33GMdeHp2wY1QnRhbkszJN5fjKMvKJq_HIG0iEu-16MG7s.

重要课题。①

针对这个问题,本文试着建构一个以包容性为基础,区民于其中互动能感到安心与安全的全球网络社区。换句话说,一个真正的全球网络社区,必须能涵纳来自不同文化、种族、性别、宗教等不同经验背景的人们。在这个社区中,人们可以平等、公平地创造社区共同分享的意义、价值观与奋斗目标的空间。那么要如何建构这个融合不同身份认同与利益的全球网络社区呢?

二、时代背景

近半个世纪以来,传播与交通科技的突飞猛进已大大缩小了地球的尺寸和世界的范畴,把人类的生活推向一个无法再回头的全球化社会。地球各角落无可避免地互联与相互依存已经是无可争论的人类生活常态。"全球村"(global village)、"全球社会"(global society)与"全球虚拟社区"(global virtual community)等惯用词语也都代表着对当今人类社会的真实描述。因科技不停地进步,这种人类生活的巨变尚未止歇,仍会持续下去。特别是日新月异的新媒体传播科技,其对人类社会现在与未来的影响更是重大。

新科技借着其强大功能把全球化潮流推到一个新的高峰,在速度与范畴上大大地增快与扩大,使这股无可抵挡的潮流更加具有高度动态的辩证性,导致代表趋同与趋异的全球化/本土化,或文化身份认同/文化多元之间

---

① CHEN G M, ZHANG K. New media and cultural identity in the global society[M]// TAIWO R. Handbook of research on discourse behavior and digital communication: language structures and social interaction. Hershey, PA: Information Science Reference, 2010:801-815.

的拉锯对立变得更加尖锐。这种文化普遍性与特殊性的高度性竞争的辩证互动，在反映人类社会不停分化的可能危机的同时，也提供了不同文化进行整合的可能性，进而达致人类命运共同体所呼吁的大同社会的境界。

全球化潮流借助新科技对人类社会各个角落所产生的无孔不入的渗透，激活了经济的交易、宗教的扩散、文化的对抗、移民的流动与族群的竞合，进而解构或调整了人类社会结构，改变了人类对时空的认知与相应的行动。对于全球化的这种无孔不入的渗透性，其过程不论是产生恶性竞争还是良性合作，都明显地显示出人类社会与个人之间不可能如孤岛般存在，而必须互依互赖才能成功地存活下去。从另一个角度来说，Rhinesmith 认为，这种必须相互依赖以生存下去的情况，为人类社会在全球一体的联结社区里，培养包容能力以建立人类命运共同感，并经由良性与和谐的互动来使不同群体利益最大化，推进人类社会未来发展提供了机会。①

另外，全球化潮流带来的文化混合现象，经由人与物的便利流动所经历的涵化与同化过程，大大稀释了人类文化的纯度与浓度。它逐渐模糊了国家与国家、族群与族群、意识形态与意识形态之间的界限，也挑战了传统中心与边缘的互动关系，并且提供了不管是强势还是弱势文化之间，在人为或自然的互争互利的融合过程中，经由协商谈判，力图寻找一个适当与有效的方法来交换取舍自己族群的文化意义与实践的机会。② 换句话说，全球化在过去半世纪中对时空的压缩、文化的分化与趋同、社会各个角落的无孔不入的质与量的冲击与变化，超过了过去两千年人类社会变化的总和。

新科技与全球化潮流的携手并进，不论是相得益彰还是狼狈为奸，在科

---

① RHINESMITH S H. A manager's guide to globalization[M].Chicago, IL: Irwin,1996.

② KEOHANE R O, NYE J S. Introduction[M]//NYE J S, KEOHANE R O. Governance in globalizing word . Cambridge, MA: Visions of Governance for the 21th Century. 2000:1-44.WALTERS M. Globalization[M]. New York: Routledge,1995.

技方面,给人类社会带来的巨大冲击以新媒体日新月异的进展最为突出。新媒体的数位化本质一夕之间把传统媒体占据大空间的资讯物质化,并将其翻转到一个高速运转的小空间里,令其具有容纳庞大资讯的操作功能。把极大量资讯压缩储存在极小空间,使得信息能够在相互多数联结的联结点(node)上快速自如移动,并促使自由流动的资讯串联起来,形成了一个更开放不拘,不受各种传统政治、特殊群体或意识形态控制或束缚的全球性。①

新媒体数位化资讯高度自由的运行也显示了资讯与传递,资讯科技与媒体产业以及媒体产业与服务之间相互依赖的融合性质②,并相对地推动了互动性与融合性。与此同时,Barr 进一步指出,这突出地强化了传播的互动性,使得在融合互联功能之外,网络资讯的相互操作性大大提高。网络之间的互动变得容易,资讯的操作也变得容易,直接挑战了人类社会的传统思想与行为成规,取而代之的是人类思想的解放、创造力的激发,与自由意志的兴起。③

新媒体与全球化巨浪合流的结果是创造了一个与传统的以面对面互动为主的物理世界截然不同的虚拟生活空间。这个所谓的虚拟/赛博空间(cyberspace)、虚拟社会(cybersociety)或虚拟文化 (cyberculture) 直接挑战了传统人类对“实境”(reality)的认知。活在虚拟实境(virtual reality)中,似醒非醒,似梦非梦,人们随时可以自由地改变性别、长相、气质或地位。人类

---

① NAYAR P K. An introduction to new media and cybercultures[M]. New York: John Wiley & Sons.2010.

② BARR T. Newmedia.com.au[M]. Sydney: Allen & Unwin,2000.

③ BARRY A. Political machines: governing a technological society[M]. London: Athlone, 2001; FUCHS C.Social media:a critical introduction[M]. Thousand Oaks: Sage, 2017.

社会、文化与互动形态和结构因此产生了急速变迁。[①] 正如李金铨等学者所言，在当今人类社会，媒体与人类、虚拟与实境以及结构与内容的分界已经模糊。[②] 人与资讯和机器合一，成了新媒体世界互动的轴心；习以为常的虚拟空间的生活经验，实际上让人感觉到比真实的实境更加真实；另外，新媒体依据自组织功能的结构在虚拟空间中生产资讯的内容与意义，这使得参与者在互动的过程中，同时经历着结构的建立和修正。信息内容与意义生产是一个永无止境的循环过程。吕尚彬、黄荣认为，当今网络上资讯传播系统中的智能媒体，已经泛化到具有混质性、奇异性和活性等特性，重组了人类、机器与环境之间的关系，并拓展与深化了这三个对象的媒体。智能媒体持续不断的高度高速互动、联结与融合的功能所生成的各种不同的形态，已把人类生活带到了一个不可能再回头的崭新境界。[③]

Lister、Dovery、Giddings、Grant、Kelly、陈国明归纳了新媒体在全球化社会里对人类的六个主要影响(见陈国明 2007 年的相关论述)：

(1) 崭新的文本经验——新媒体带来了新的使用形态、文本形式、娱乐种类等多元的文本经验；(2) 崭新的呈现世界的方法——为在虚拟环境与荧屏上进行互动的多媒体功能提供了一种经验再现的新方法；(3) 崭新的主体与媒体科技的关系——新媒体改变了人们对传播信息与形象的使用与接

① BAYM N K. The emergence of community[M]//JONES S G. Cyber society 2.0: revisiting computer-mediated communication and community. Thousand Oaks, CA: Sage. 1998: 35-67. SILVER D. Looking backwards, looking forward: cyberculture studies 1990—2000[M]//GAUNTLETT D. Web.studies: rewiring media studies for the digital age. London: Oxford University Press. 2000:19-30.

② 李金铨，祝建华，杜骏飞，等. 数码传播与传播研究的范式转移及全球化[J]. 传播与社会学刊，2007(2):1-22.

③ 吕尚彬，黄荣. 智能时代的媒体泛化：概念、特点及态势[J]. 西安交通大学学报(社会科学版)，2019(5):114-120.

收的方法，改变了对媒体科技隐含之意义的诠释；(4) 崭新的具象化(embodiment)、身份认同与社区之间的关系——新媒体在地方与全球的层次，改变了人类在时空的界域内对自己与社会的认知；(5) 崭新的对人的躯体与科技媒体之间的认知——新媒体给人类带来了如何区别人与机器、真实与虚拟之不同的挑战；(6)崭新的组织与生产形态——新媒体在文化、工业、经济、使用、所有权、控制与制约等方面的重新调整与整合带来的冲击。[①]

新媒体与全球化浪潮合流之后，经由它们编织起的网络互动与生活方式，给人类与社会带来了以上冲击，由于移动传播技术从 1G 发展到最近的 5G，又进一步在质量上带来了巨大的变化。5G 技术的发展是革命性的。它带来的主要变革是一夕间视频语言代替了文字书写的传统人类社会传播方式。喻国明认为，5G 挟其高速度、高容量、低时延与低能耗的移动通信技术，把 4G 短视频功能提升到中长影音视频简易与高效率的境界，使得互动的主体性得到革命性的解放，每个人都成了传输内容的制造者，随时扮演着发言主体的角色。[②] 当这种网上发言容易到犹如饮水，非理性、非逻辑性与失控性的表达方式将大行其道；以书写文字的交流方式让意义基本停驻在一字一句之间，虽然仍有未尽全意的情况，但比起视频的一图具有千言万语也解说不尽的高度模糊性，其清晰度与理解度显然高出甚多。这意味着人类互动的结构与规则也会面临直接的冲击与变迁。5G 技术当然为人类日常生活，包括工商业生产、人工智能、远程医疗、大数据和网络游戏等方面，

---

① LISTER N, DOVERY J, GIDDINGS S, et al. New media: a critical introduction[M]. New York: Routledge, 2009；陈国明. 全球化社会的新媒体与文化认同[C].2017 北京论坛. 北京，2007，11.

② 喻国明. 5G：一项深刻改变传播与社会的革命性技术[EB/OL]. (2019-06-29)[2020-05-30]. https://view.inews.qq.com/a/20190701V0MACV00? tbkt=F&uid=&app=newslite.

带来诸多正面的贡献[①]，但不幸的是，它也同时深化了前言提及的假新闻乱飞、媒体立场偏颇、网络霸凌充斥、网民暴力流行、隐私尽丧、沉溺弱智、沟通能力衰退和孤独寂寞等负面效应。因此，知晓当代人类社会的可能变迁方向，对全球化潮流与新媒体合流所带来的冲击有所了解，是必修的第一道功课。

三、问题的提出

从文化交流的面向来说，新媒体与全球化潮流的汇合，直接挑战了文化传统的属性与影响。[②] 从文化内部而言，新媒体与全球化造就的新文化，无疑造成了传统与创新之间的失衡，形成了一道难以跨越的鸿沟。在新媒体与强势全球化潮流到来之前的几千年里，人类社会文化价值观与创新进展的步伐一直相安无事。但如今，传统的文化价值观已经无法跟上全球化时代由新媒体塑造的且仍在高度动态变化的思考与行为形态。这种文化自身断层的现象，不仅体现在代际沟通障碍之中，也体现在人们之间交流互动的过程、彼此相互理解与建立关系的过程中。此外，为了适应因新文化而形成的新的工作、新的性别角色与其他新兴生活方式，我们也要面对无数的挑战。[③]

① 何怀宏. 人物、人际与人机关系——从伦理角度看人工智能[J]. 探索与争鸣，2018(7)：27-34；夏晓伦，毕磊，赵超，等.中国 5G 发展为什么能引领全球？[EB/OL].(2019-09-12)[2020-05-30]. http://politics.people.com.cn/n1/2019/0912/c429373-31351770.html；彭兰. 5G 代"物"对传播的再塑造[J]. 探索与争鸣，2019(9)：53-57.

② BAGDASARYN N G. Intercultural communication in the context of new media[EB/OL].(2011-11-09)[2020-05-30]. http://www.itas.fzk.de/eng/e-society/preprints/mediaculture/Bagdasaryan.pdf.

③ TURKLE S. Life on the screen[M]. New York: Simon & Schuster, 2011.

从文化外部而言，新媒体在全球化社会里，同样造成了不同文化人群之间的互动鸿沟。由于新媒体对传统文化思想与形态的重构，除了同文化成员互动方式必须有所改变之外，来自不同文化群体的人们也必须重建一套与以往不同的沟通方式。这意味着文化的制约法则受到新媒体窜改之后，整个跨文化交际过程的模糊性与不稳定性变得更高。如何面对新媒体对全球化社会带来的冲击，做出必要的调整，以促进双方彼此了解，已成为当今跨文化交际学无可回避的责任。①

笔者进一步从三方面更明确地提出全球化社会的新媒体与跨文化交际之间的关系：(1)国家或族群文化与新媒体发展的辩证关系；(2)新媒体的发展对文化身份认同所产生的冲击；(3)新媒体对跨文化交际不同面向的影响。②

首先，不同文化群体对新媒体在全球化语境里的认知与操作是有差异的。这种差异不仅发生在传统的面对面互动的过程中，也出现在因新媒体发展而衍生出的虚拟网络世界里。由于思考形态、沟通方式与文化情境三个主要的文化面向的不同③，Chung and Chen 认为在使用新媒体时，来自不同文化的人们在语言意义的展示、价值观、个人关系的建立、行动基础、逻辑思辨、信息解译时间、口语表达、非语言使用、思想陈述和信息可信度来源等

---

① SHUTER R. Introduction: new media across cultures—prospect and promise[J]. Journal of international and intercultural communication, 2011,4(4):241-245.

② CHEN G M. The impact of new media on intercultural communication in global context [J]. China media research, 2012,8(2):1-10.

③ CHEN G M, STAROSTA W J. Foundations of intercultural communication[M]. Lanham, MD: University Press of America,2005.

方面,都可能呈现出不同的景象。[①]

其次,前文已提及,新媒体与全球化潮流的融合所带来的人类各种崭新的生活经验,正严酷地挑战着人类对传统身份认同的形成与定义的看法。Belay 指出,新媒体制造出的新文化身份认同与传统定义唯一相同的地方是,两者都是一群人在一个特殊情境下经由互动过程而形成的特殊产物;但新旧文化身份认同在时间、空间、对比、互动与多样性方面已截然不同。[②] 新文化身份认同,因为新媒体突破时空限制,毫无止境地生成新的不同社群,而更具辩证、流动、不稳定与无自主性。[③] 这在网络的虚拟空间里更是如此,而且更具异质性,缺乏真正的彼此联系性。

最后,笔者继续论及新媒体对跨文化交际在跨文化关系的建立、跨文化适应与跨文化冲突经营三个方面所造成的显著影响。[④] 在跨文化关系的建立方面,社交媒体给了人们在虚拟空间中交流互动以自由自在地建立关系的网络。这种关系不仅是个人与个人之间的人际关系,还延伸到商业间、团体间关系网络的建立。一个文化混合的新空间联系网于是兴起。来自不同

---

① CHUNG J, CHEN G M. The relationship between cultural context and electronic-mail usage[M]//HINNER M. The role of communication in business transactions and relationships. Germany: Peter Lang,2007:279-292.

② BELAY G. The (re)construction and negotiation of cultural identities in the age of globalization[M]//MOKROS H B. Interaction & identity. New Brunswick, NJ: Transaction,1996:319-346.

③ CHEONG P H, GRAY K. Mediated intercultural dialectics: identity perceptions and performances in virtual worlds[J]. Journal of international and intercultural communication, 2011,4(4):265-271; WILLIAM D, MATINS N, CONSALVO M, et al. The virtual census: representations of gender, race, and age in video games[J]. New media and society, 2009(11):815-834.

④ CHEN G M. The impact of new media on intercultural communication in global context [J]. China media research, 2012,8(2):1-10.

文化的人们可以随时在其中分享与收集文化资讯,建立网络虚拟社群以及跨文化的关系。[①] 这种弹性大、分享广、联系易、变化快的关系生成与运作方式,与传统的面对面发展彼此关系的做法是截然不同的。

在跨文化适应方面,因为新媒体提升了全球化潮流对时空的压缩度与各地穿梭的方便度,到不同国境旅游或移居到不同文化社会的人数大为增加,在跨文化适应的过程中,新媒体提供信息便利,成了这群足迹遍布四海的旅居者或移居者与新知旧友互通信息和建立、强化新旧关系的主要工具。[②] 越来越多的研究显示,使用新媒体,特别是社交媒体,与浪迹各国的几百万国际留学生在课业、心理与生活等各方面的适应有着密切的关系。[③]

在跨文化冲突经营方面,新媒体赋予了个人、族群、组织与政府一个强而有力的工具,方便在交流过程、做决策或面对冲突时建构自己的形象,制造信息的内容与意义,设置议程或新闻的设定。[④] 不过,不同文化之间因为

---

① MCEWAN B, SOBRE-DENTON M. Virtual cosmopolitanism: constructing third cultures and transmitting social and cultural capital through social media[J]. Journal of international and intercultural communication, 2011,4(4):252-258.

② CROUCHER S M. Social networking and cultural adaptation: a theoretical model[J]. Journal of international and intercultural communication, 2011,4(4):259-264;SAWYER R, CHEN G M. The impact of new social media on intercultural adaptation[J]. Intercultural communication studies, 2012, 21(2):151-169.

③ GILLIE B, CHEN G M. The impact of social network sites on international student adjustment on a US college campus[J]. China media research,2019, 15(1):41-51;MA Y-P, CHEN G M. The impact of social media use motives on the psychological and sociocultural adjustment of international student[J]. Intercultural communication studies, 2019, 28(1):189-209.

④ DAI X-D, CHEN G M. The construction of national image in the media and the management of intercultural conflicts[M]//FORTNER R S, FACKLER P M. International handbook of media and mass communication theory. Hoboken, NJ: Wiley-Balckwell, 2014:708-725.

价值观的差异，本就容易引起彼此之间的误解与冲突，如何使用新媒体经由良性的对话过程，促进对立双方的彼此理解，以和解代替对抗，以合作换取冲突，是目前人类最为需要的。[①]

总之，新媒体与全球化潮流的结合，已大大改变了人类的互动方式，重构了人类的社会面貌。传统联系性不强的人类社会，已发展成一个新的联系紧密的全球网络空间。这个新的空间同时给人类带来了新的希望与危机。由于这个空间各层面紧密的联系性，早期用来形容人类社会的“全球社会”(global society)在语义上已过于宽松，无法较清楚地让人体会出这个空间的面貌，笔者主张以“全球社区”(global community)代之。“社区”(“共同体”)比“社会”这个概念在想象、意义与结构上更为明确，也比较容易从理论建构的角度来操作。本文的目的就是试图从跨文化视角研究这个与传统不同的全新的全球网络社区。

四、全球网络社区的建构

“社区”(community)可以指涉一群人或不同国家之间的共同体结构。传统上，它的含义与范畴比“社会”(society)小，更强调成员间彼此共有、共享与共同的责任。Peck 认为，一个真实的社区必须是一个具有极大化包容性的安全地方。[②] 社区要求居处其内的成员建立起各个环节能畅通无阻的包容意识。因此，在全球社区里，不同种族、文化、宗教、性别、个性以及生活方式之间的界限是柔性的，是可经由良性对话与协调来彼此互通的。换句

---

① 单波，肖珺. 文化冲突与跨文化传播[M]. 北京：社会科学文献出版社，2015.

② PECK M S. The different drum：community making and peace[M]. New York：Simon and Schuster，1987.

话说,全球社区的区民能够在平等与拥有共同奋斗目标的基础上,经由意义共享的符号交流过程,自由地参与社区事务与各种活动,并进一步以跨文化交流为手段,来整合成员之间不同的身份认同与利益,以达到建构一个多元的全球市民文化的目标。①

虽然 Tonnies 和 Loomis 提出人类社区或共同体包括了诸如地缘、血缘和精神等不同的种类,但其皆可归属于全球社区内不同族群单位;他们认为"社会"虽然是一群人聚居在一起,但成员之间基本上是彼此分离的,只有"社区"代表着居民真正持续地共同生活在一起。② Bauman 则认为社区就像是同一个屋顶下温馨舒适的空间,里面的成员患难与共,彼此依靠取暖,一起过着相安无事的日子。③ 此外,曹刚把人类社区/共同体归纳为三种形态。首先是作为人类命运共同体原初形态的生命共同体,这是所有人类社会必须一起面对核武器、环境危机、疾病传染等挑战以维持人类生存与生命的认识。其次是人类命运共同体现实形态的利益共同体,只有经由合作双赢的过程才能保障不同主体与群体对利益的追求与实现。最后是人类命运共同体理想形态的精神共同体,指的是全球社区必须为成员提供一个能够安身立命的温暖安全的精神家园。④ 曹刚主张,只有彼此尊重文化的差异,通过良性互动与对话,异中求同,以实现文化的多元同一,全球社区的意义才能

---

① HERMES J. Citizenship in the age of the Internet[J]. European journal of communication, 2006,21:295-309; THAYER L. On communication: essays in understanding[M]. Norwood, NJ: Ablex,1987.

② TONNIES F, LOOMIS C P. Community and society[M]. Abingdon-on-Thames, UK: Routledge,2017.

③ BAUMAN Z. Community: seeking safety in an insecure world[M]. New York: John Wiley & Sons,2013.

④ 曹刚.人类命运共同体与全球伦理和国际法治[J]. 北京大学学报(哲学社会科学版),2019(2):33-41.

真正显现。

为了更清楚地理解当前人类社会所形成的全球网络社区的本质与可持续性的运作，笔者近几年来一直建构着以“家”为根喻，从跨文化交际角度解释这个社区的理论模式。① “家”作为自古以来人类社会最普遍的基本结构，很适合从跨文化交际的视角来概念化“社区/共同体”的本质与运作。Heidegger 认为“在家”意味着居住在一个既安全又祥和，而且又愿意奋不顾身加以保护与保存的场所。它是个人心安地在一个家庭成员结合而成的网络里历经生、老、病、死的生理，心理与心灵成长与消亡的空间。②《易经·家人卦》更认为“家”不只指涉一个地理的空间或位置，而且象征着一个栖居其内的成员之间以及和天地交流互动，以建立起互依互赖的关系网络的可持续的“家庭”实体；也就是家庭内的成员，经由扮演天经地义的特殊角色来达到一个安、和、乐、利的平衡状态的过程。③

如同 Bauman 以“同一屋顶下就如一个家”的小空间、独特性与自给自足的特性，来描述社区/共同体的面貌④，笔者进一步以家的关系（relation）、过程（process）与意义（meaning）三个属性，将当前的全球网络社区阐释为一个新的“文化之家”。⑤ “关系”指文化之家或全球网络社区不仅是成员之

---

① CHEN G M. Theorizing global community as cultural home in the new century[J]. International journal of intercultural relations, 2015(46):73-81.

② HEIDEGGER M. Poetry, language, thought[M]. New York: HarperCollins, 1971.

③ 曾仕强. 中国管理哲学[M]. 台北:东大图书公司,1986;CHEN G M. A zhong dao model of management in global context[J]. Intercultural communication studies, 2013,22(1): 1-8;FANG T H.Chinese philosophy: its spirit and its development[M]. Taipei: Linkingm,1981.

④ BAUMAN Z. Community: seeking safety in an insecure world[M]. New York: John Wiley & Sons,2013.

⑤ CHEN G M. Theorizing global community as cultural home in the new century[J]. International journal of intercultural relations,2015(46):73-81.

间建立命定关系的真实与想象的空间,也是这个群体产生综合力以整合成员之贡献与联系外在群体之所在。这是打开社区历史延续性与未来人类社会可持续发展的钥匙。也就是说,关系展现了全球社区的结构、功能、内在与历史的延伸以及外在与未来的拓展。过程指全球社区的动态生生之德。经由居所转化到家庭的过程,全球网络社区的延续性与功能才能够加以验证与巩固。这个全球网络社区的生生过程,意在寻求和谐稳定,以达到一个动态平衡的境地。意义赋予成员在这个社区设定他们之间、主客之间与内外群体之间互动准则的特权。这个意义制造过程的差异因全球社区成员文化价值观的不同,特别容易显现出来。跨文化交际能力于是成了防止因异化而造成“亡其宅”现象的利器,进而决定这个文化之家或全球网络社区成功与否的要素。[①] 因此,“安其宅”可认定是栖居在一个生生不息的安全与和谐的关系网络之中,经由意义制造特权行使的过程,参与这个社区的持续发展,使这个社区成为一个给予、培育与生成个人与群体身份认同的场所。

以新文化之家来理论化新媒体与全球化潮流所塑造的当今全球网络社区,就是旨在诠释这个新文化之家的全球网络社区中来自不同文化背景的成员,在适应的过程中,因文化差异而产生的“亡其宅”的现象;建构一个可协助这个全球网络社区持续发展的模式。那么,如何从跨文化交际的视角来进行全球网络社区的理论建构呢?笔者主张从四个维度来解答这个问题:跨文化交际的脉络性(contextuality of intercultural interaction)、边际博弈(boundary game)、边际智慧(boundary wisdom)以及全球伦理(global ethics)。[②] 跨文化交际的脉络性是用来了解全球网络社区的分析方案

---

① 林安梧. 中国宗教与意义治疗[M]. 台北:明文书局, 1996.

② CHEN G M. Theorizing global community as cultural home in the new century[J]. International journal of intercultural relations, 2015(46): 73-81.

(analysis scheme),边际博弈代表全球网络社区里的脉络互动,边际智慧是全球网络社区里脉络互动的策略,全球伦理则指全球网络社区里的脉络互动准则。

第一,跨文化交际的脉络性指出,全球网络社区乃是由不同文化脉络之间动态互动所形成的整体性空间。不过,脉络并不只代表着空间,它还包括在这个空间里经由互动生成的那些可供观察研究的聚焦事件,这也意味用以分析这些重要事件的语言符号所包含的脉络、意义与符码三个要素的不可分性。[①] 由于全球网络社区包含多种文化的互动,动态的脉络多元性便成了它的特征。陈国明认为,由于全球网络社区里的多元脉络之间是互依互赖、彼此影响、彼此渗透的,在持续互动之后,原有的脉络结构势必受到冲击而有所变迁,因此,思欲在全球网络社区里达至成功的交流,非持有脉络弹性或流动性的做法无法竟其功。[②]

文化脉络为自己的成员提供了一个安全与稳定的场域来进行交流活动。不同的文化脉络主要显现在文化价值观的差异上。在全球网络社区里,因为多种不同价值观的交流激荡,这个场域变得高度变动与不稳定。因此,如何经由理解互动双方的文化价值观、保持交流与脉络的流动性或弹性,来随时协商或重构自己的文化身份认同,就成了有效建构全球网络社区的基础。Chen 和 An 从范式假设的角度,对照了东西方文化价值观主要的

---

① DURANTI A, GOODWIN C. Rethinking context: an introduction[M]//DURANTI A, GOODWIN C. Rethinking context: language as an interactive phenomenon. London: Cambridge University Press,1992: 1-42; HALL E T. Beyond culture[M]. Garden City, NY: Doubleday,1976.

② 陈国明. 论跨文化传播的脉络性[J], 传播研究与实践,2011,1(2):13-24.

差异(见表1)。[①] 脉络的流动性或弹性指隔离双方价值观的中线是可以推移的,而非固定不动的。脉络的僵化造成价值观极端化或二分化,造成双方彼此理解、认可甚至接受文化差异的障碍。笔者把价值观的二分化批评为跨文化交际之瘤[②],是导致跨文化第三空间(third space)或跨文化间性 (interculturality) 无法建立的主因[③],因为它像一道墙,堵住了不同文化脉络相互渗透、相互融合或相互转换的可能性。

---

① CHEN G M, AN R. A Chinese model of intercultural leadership competence[M]// DEARDORFF D K. The SAGE Handbook of intercultural competence. Thousand Oaks, CA: Sage,2009:196-208.

② CHEN G M. Beyond the dichotomy of communication studies[J]. Journal of Asian communication, 2009,19(4):398-411.

③ CASMIR F L. Foundations for the study of intercultural communication based on a third-culture building model[J]. International journal of intercultural relations, 1999,23(1): 91-116; DAI X-D. Intersubjectivity and interculturality: a conceptual link[J]. China media research, 2010,6(1), 12-19; DAI X-D, CHEN G M. On interculturality and intercultural communication competence[J]. China media research, 2015,11(3):100-113.

表 1 东西方文化的范式假设与价值观①

本体论 (Ontology)	
东方	西方
整体性 (Holistic)	原子性 (Atomistic)
个体隐没的 (Submerged) 集团主义的 (Collectivistic)	个体分明的 (Discrete) 个人主义的 (Individualistic)

价值论 (Axiology)		认识论 (Epistemology)		方法论 (Methodology)	
东方	西方	东方	西方	东方	西方
和谐的 (Harmonious)	对抗的 (Confrontational)	互连的 (Interconnected)	返约的 (Reductionistic)	直觉的 (Intuitive)	逻辑的 (Logical)
间接的 (Indirect) 含蓄的 (Subtle) 适应的 (Adaptative) 一致的 (Consensual) 同意的 (Agreeable)	直接的 (Direct) 表达的 (Expressive) 辨证的 (Dialectical) 分裂的 (Divisive) 训诫的 (Sermonic)	互惠的 (Reciprocity) 我们 (We) 层级的 (Hierarchical) 连结的 (Associative) 与生的 (Ascribed)	独立的 (Independent) 我 (I) 平等的 (Equal) 自由意志 (Free will) 达成的 (Achieved)	主观的 (Subjective) 非线性的 (Nonlinear) 模糊的 (Ambiguous) 仪式的 (Ritual) 配合的 (Accommodative)	客观的 (Objective) 线性的 (Linear) 分析的 (Analytical) 印证的 (Justificatory) 操纵的 (Manipulative)

第二,全球网络社区的脉络互动是一个永无止境的边际博弈过程。这个生生的过程建立在互动双方在平等的基础上对彼此文化差异的理解与尊重。因此,边际博弈旨在维持彼此之间的互动,而非试图经由零和竞争的过

① 陈国明. 跨文化传播学的现状与未来[M]//洪浚浩. 传播学新趋势. 北京:清华大学出版社,2014:589.

程来击败对方,以取得互动的胜利。[1] “边际”在此指两者之间的边界线。在全球网络社区里,它是因文化差异区隔了互动双方的那条无形界线。在阴阳生生互动的太极图里,介于中心 A 和 B(即阴和阳)之间的曲线就是所谓的边际(见图 1)。[2] 如阴阳相生相克一样,这条基础的边际线是高度动态的,它随时可经由两者之间的交流互动而彼此渗透转换,借助脉络弹性或流动性的特质,生成更多更大的融合空间与可供观察研究的聚焦事件。

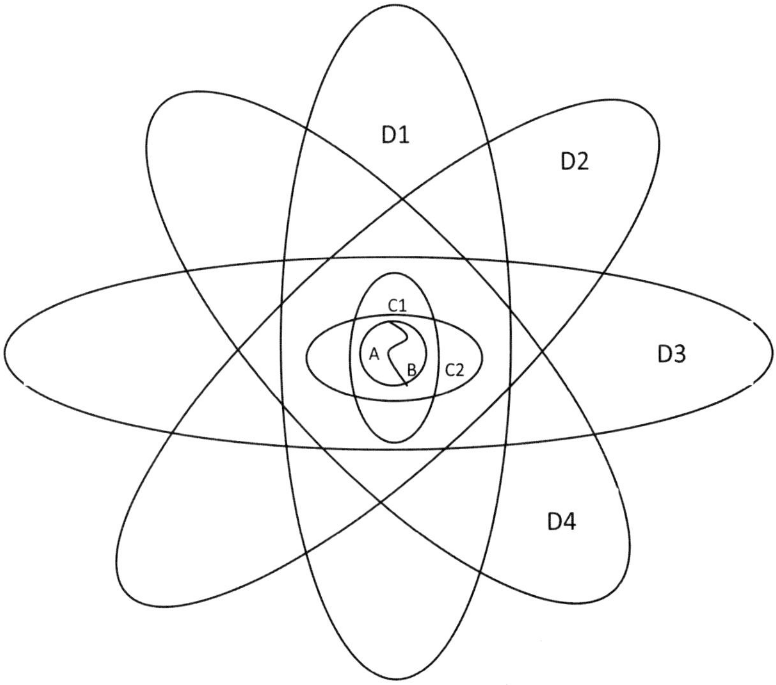

图 1　阴阳生生互动太极图

---

① CARSE J P. Finite and infinite game: a vision of life as play and possibility[M]. New York: Ballantine, 1986.

② CHEN G M. Toward an *I Ching* model of communication[J]. China media research, 2009, 5(3): 72-81.

因此，边际是指两个人或群体接触时所制造出来的区隔双方脉络或场域的界线，这个界线是各方的边际点、线或区，但在双方互动时却成了中线。在全球网络社区里，这条中线的良性推移建立在双方能经由跨文化适应的过程来协商或重新定义这个界限的基础上；而理想的界限推移是把界限从点延伸到线，然后更进一步从线扩展到一个区域。① 这个边界互动处或双方接触区通常充满着模糊性与不确定性，是各方文化身份认同鲜明显现与碰撞的区域。Barth 指出，不管是竞争性互动，还是合作性互动，在这个接触区中，人们开始积极地形成、维持与验证己方的文化身份认同。② 吊诡的是，此刻如果过度保护或坚守不放，通常是因为文化价值观的尖锐差异。自我的文化身份认同，也就是前面提及的脉络僵化问题，会编织出一道墙般的自我防线，在跨文化交际过程中把自己孤立起来，妨碍自我对全球网络社区的可持续发展做出贡献。

极大化边际的范畴是全球网络社区跨文化交流的终极目标。图 2 与图 3进一步标示了边际范畴扩张的情况。③ 图 2 显示双方没有实际的互动，这在相互依存的全球网络社区是很难实现的。图 3 显示双方交流之后，边际点发展成一个区域。中间的菱形区域即经由互动、互渗、互换和互生过程的边际范畴的最大化。图 3 也显示了双方百分之百的融合是不切实际的想法，但指出了一个要点，就是流动性的脉络互动并不意味着让自己的文化身

① CHEN G M. Theorizing intercultural adaptation from the perspective of boundary game [J]. China media research, 2013,9(1):1-10.

② BARTH F. Introduction[M]//BARTH F. Ethnic groups and boundaries: the social organization of culture difference. London: George Allen & Unwin.,1969:9-38.

③ CHEN G M. The yin and yang of conflict management and resolution[M]//DAI X-D, CHEN G M. Conflict management and intercultural communication. Oxfordshire, UK: Taylor & Francis,2017:144-145;CHEN G M. Toward an *I Ching* model of communication[J]. China media research, 2009,5(3):72-81.

份认同消亡,而是在交流中暂时放下对自我认同的执着,提供一个能达到跨文化交流最终目标的,双方能够顺畅地相互渗透、相互转换的机会。也正是这个共存共享的菱形区域摆脱了中心/边缘、压迫/被压迫、本真/非本真之间的束缚。按照 Cheng 的说法,这个区域提供了来自多方的参与者,在交流不同阶段协商与整合个体,以创造一个建立互联互依的整体网状联系开放系统的机会。① 它成了多元文化互动的共同中心(co-center),是一个浮现 Gadamer 的视域融合②或 Starosta 的双/多重本真的新文化之家或全球网络社区。③

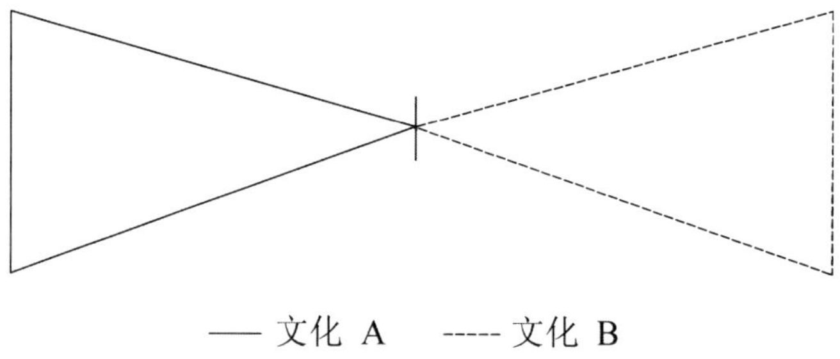

图 2 互动之前的两个隔离文化

---

① CHENG C-Y. Chinese philosophy and contemporary human communication theory[M]// KINCAID D L. Communication theory: Eastern and Western perspectives. New York NY: Academic, 1987: 23-43.

② GADMER H G. Philosophical hermeneutics[M]. LINGE D E, Trans. Berkeley, CA: University of California Press, 1977.

③ STAROSTA W J. ECA-focus on the future of intercultural communication[C]. Paper presented at the annual convention of Eastern Communication Association. Baltimore, MD, 2010.

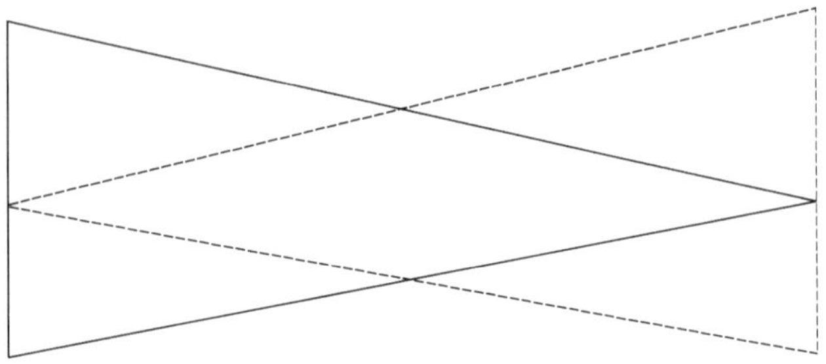

图 3　互动之后的文化融合模式

第三，通过“边际智慧”的习得在边际博弈的过程中推广建设全球网络社区。陈国明将边际智慧定义为把他方不熟悉的殊方异物之“反常区”转换成“平常区”的能力。[①] 在全球网络社区里，边际智慧能够培养互动者跨越源于文化价值观的差异的勇气，经由承认与接受外来的文化元素来扩大共同中心的面积。这个脉络界线不断推移的跨文化适应过程常常像经历“阈限”(liminal)，处于一个过度不稳定与艰苦“之间”(in-betweenness)的幽谷里，思欲以个人的坚毅作为基石，不断地从事文化身份认同的协商工作，以便无止息地加以重构，然后成功地度过这个“之间”的阈限区。[②] 这种通过挑战自我文化核心价值观来冲破脉络界线的边际智慧，无疑可以培养互动者的多元文化包容心态，使自我的文化能够持续丰富强化。Chen 和 Starosta 宣称，在全球网络社区里发展文化脉络弹性，建立多元文化共存，需要多元文化心态，因为多元文化心态引导全球网络社区成员，经由削减我方中心主义与不

① 陈国明. 死生之事[M]. 香港：中国学术评论出版社，2009.

② BUZZANELL P M. Resilience: talking, resisting, and imagining new normalcies into being[J]. Journal of communication, 2010: 62, 327-354. GENNEP A V. The rites of passage[M]. Essex Junction, VT: Phoenix Books, 1960. TURNER V. The ritual process: structure and anti-structure[M]. New York: Aldine de Gruyter, 1969.

确定性,把对立的互动方整合成协同的整体。①

从哲学角度,Chen 和 Starosta 继续认为,只有具备多元文化心态的边际智慧才能培养出“大通”(great empathy)的能力,②才能以生生创造力(creativity)与深邃洞察力(sensitivity),经由符号的交换,在交流过程中以心知心,达到跨文化融合(intercultural rapport)的目的。生生创造力乃是以一理拓启万殊或从单一到多样的开展之势,在全球网络社区把文化同一扩张为文化多元,展现多元文化的包容性。反之,深邃洞察力则是以万殊复归一理或从多样到单一的缩练之功,在全球网络社区里洞察与分辨互动双方文化的异同,进而以同理心彼此互渗互透,发展出一个共同分享的跨文化交流的符号系统。③

从跨文化交流的角度,笔者则认为,边际智慧的意义与“跨文化交际能力”(intercultural communication competence)这个概念是可以互换的。④跨文化交际能力指的是一个人在不同文化脉络互动时,以适当与有效的方法来达到互动目的的能力。⑤ 边际智慧指的是“以开放之心,想象框架外之为异或反常的‘殊方异物’,并培养‘拓边意识’的勇气,开发与积累‘边际智慧’。这是收编‘异’或‘反常’以扩展‘常’之领域的过程”⑥。两个概念同

---

①② CHEN G M, STAROSTA W J. Communication among cultural diversities: a dialogue [J]. International and intercultural communication annual, 2004(27):3-16.

③ CHANG C-Y. Creativity and taoism: a study of Chinese philosophy, art, & poetry[M]. New York: Harper & Row,1963.

④ CHEN G M. Theorizing global community as cultural home in the new century[J]. International journal of intercultural relations,2015(46):73-81.

⑤ CHEN G M. Issues in the conceptualization of intercultural communication competence [M]//CHEN L. Intercultural communication: handbooks of communication science.Berlin, Germany: De Gruyter,2017:349-367.

⑥ 陈国明. 死生之事[M]. 香港:中国学术评论出版社,2009:139.

指在全球网络社区以适当与有效的手段,来达致跨文化交流目的的过程。跨文化交际能力作为跨文化传播研究的主要概念之一,半世纪来的研究文献已汗牛充栋。笔者整合了主要的研究文献,把构成跨文化交际能力的要素归纳为三个面向:跨文化意识(intercultural awareness)、跨文化敏感性(intercultural sensitivity)与跨文化敏捷力(intercultural adroitness)(见图4)①。笔者把跨文化交际能力的三个面向扼要地描述如下②:

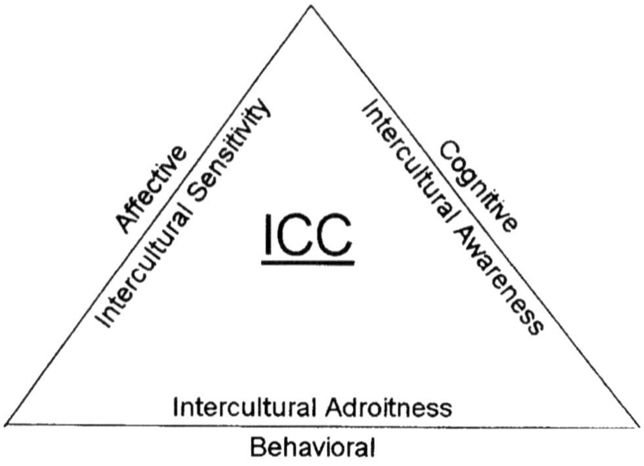

图 4 跨文化交际能力模式

跨文化意识代表文化习得与认知(cognitive)的能力,也就是经由学习的过程,对自身与互动方的文化,特别是前面所讨论的文化价值观,有适当的理解。对自身文化的理解与对互动双方文化异同的认识,是打开跨文化沟

① CHEN G M. Intercultural communication competence: summary of 30-year research and directions for future study[M]//DAI X-D, CHEN G M. Intercultural communication competence: conceptualization and its development in cultural contexts and interactions. London: Cambridge Scholars. 2014:14-40.

② 陈国明.“一带一路”倡议与实践:一个跨文化传播视角[C]. Paper Presented at the IAICS Annual Conference. Brno, Czech Republic,2019.

通门户的钥匙。跨文化敏感性代表情感上(affective)的能力。这种能力表现在不仅希冀理解其他文化,而且能更进一步欣赏、尊敬、认可,甚至接受彼此之间的文化差异所带来的思想举止上的不同。跨文化敏捷力则是指表现在互动过程中的行为(behavioral)能力。这种能力指的是适当与有效地把跨文化认知与情感在行为上展现出来,促使互动达到令人满意的境地。①

明显地,如何在全球网络社区里习得与整合跨文化意识和跨文化敏感性,然后在不同文化之间交流时,有效地表现符号使用的文化敏捷力,不仅是见证参与者边际智慧的良窳,也是决定全球网络社区可持续发展的可能性。

第四,任何人类交流的过程,都必须依照一组互动规则,才不至于失序,无法达到预期的良性结果。全球网络社区也需要一套具有普适性的全球伦理,来作为多元文化脉络互动或博弈过程的道德依据与准则。只有大家愿意共同遵守这个具有共识的全球伦理准则,在全球网络社区里,因文化多元所产生的族群歧视、隔离或不和谐的缝隙,才有可能得到弥补,并实现一个公正与公平的生活世界。②

曹刚认为,全球社区或人类命运共同体的伦理建构,在于培育从自我中心主义到他者的思维,坚守可持续发展的理念。③ 解除过度拥抱自我的束缚,以真诚之心转向互动对方,是建立创造性关系连续线,避免彼此断裂的

---

① 陈国明."一带一路"倡议与实践:一个跨文化传播视角[C]. Paper Presented at the IAICS Annual Conference. Brno, Czech Republic,2019:14.

② 杜维明. 儒家传统与文明对话[M]. 石家庄:河北人民出版社, 2006.

③ 曹刚. 人类命运共同体与全球伦理和国际法治[J]. 北京大学学报(哲学社会科学版),2019(2):33-41.

基础。[①] 在跨文化交流的过程中,确定彼此的关系,不只是个人的自我中心主义的解放,更须脱开民族中心主义(ethnocentrism)的缰索,使之流动弹性化,促进文化层面的交融互渗。[②] 这种与对方或他者关系性的道德思维,以维护与尊重互动对方的个人与文化主体性为前提,把单方面独白式的互动方式,转换为对话式的互动伦理。可持续发展的伦理原则可以 1993 年 9 月世界宗教会议通过的《全球伦理宣言》为注解。该宣言明示,不管来自何方,每个人都应该受到符合人性的对待;以耶稣"你们愿意人怎样待你们,你们也要怎样待人"和孔子的"己所不欲,勿施于人"的理念作为宣言的理论基础;提出将珍重生命、正直公平、言行诚实、相敬互爱作为全球伦理行动的准则,以实现全球网络社区互惠、共生、共享的双赢的可持续发展追求。

Christians 从另一个角度提出全球伦理必须建立在人类生活的神圣性之上。[③] 换句话说,全球社区中的跨文化交流必须反映出人性的尊严、真理与非暴力性,以促使不同的文化与群体建立起一个命运共同体。这也折射出 Appiah 坚持的"对陌生人仁慈"(kindness to strangers)之举[④],或含有关注、责任、能力与感应四个要素的关怀伦理(ethics of caring)。[⑤] 如此说来,全球关怀伦理旨在把文化身份认同摆置在一个互联的关系网上,并且注重

---

① BUBER M. I and Thou[M]. New York: Simon and Schuster, 1970; TILLICH P. Systematic theology[M]. Chicago, IL: The University Press of Chicago, 1963.

② STAROSTA W J, CHEN G M. Feeling homesick at home: a dialogue[J]. China media research, 2009, 5(1):87-94.

③ 克里斯琴斯.全球媒介伦理及技术化时代的挑战——克利福德·克里斯琴斯学术访谈[J]. 新闻记者, 2010(7):4-14.

④ APPIAH K A. Cosmopolitanism: ethics in a world of strangers[M]. New York: W. W. Norton & Company, 2008.

⑤ TRONTO J C. Moral boundaries: a political argument for an ethic of care[M]. New York: Routledge, 1993.

以热情与同理心来解决日常面对的问题。更具体地,在行为层面,全球伦理必须以礼尚往来(reciprocity)为原则,在实践过程中豁显互助互惠(mutuality)、不妄加臆断(non-judgmentalism)、诚实(honesty)、尊重(respect)四项行为方针。① 这四项伦理行为方针,是一个多元文化互动者能在全球网络社区中真正实现对话的保证。

五、理论的评估与讨论

本文试图从跨文化交际的视角,来建构一个解释当今人类的全球网络社区的理论。为了概念化全球网络社区,笔者以"家"的关系、过程与意义三个主要特征作为理论建构的基础,把全球网络社区视为一个新文化之家。为了避免过于笼统或抽象化,笔者采取中观理论(middle-range)的建构方法,继续以跨文化交际的脉络性、边际博弈、边际智慧以及全球伦理四个概念来分析全球网络社区。这种做法,除了能更清楚地理解作为新文化之家的全球网络社区的面貌之外,还能进一步,特别是通过边际智慧或跨文化交际能力,提炼出可以加以实证观察与测试的研究问题与假设,以便在行为或实践层面带来较有效与可靠的指引方针。

理论乃是用来描述、解释与预测有关天地人现象(如人类社会与行为)的有概念关联性的系统性陈述。因此,理论的良窳主要取决于它在描述、解释与预测过程中的有效性(validity)与启发性(heuristic)。② 理论的有效性指对现象的描述与提出的解释能够吻合现象本身的实际情形或与该现象相

① 陈国明. 文化间传播学[M]. 台北:五南图书出版股份有限公司, 2003.

② KAPLAN A. The conduct of inquiry: methodology for behavioral science[M]. San Francisco, CA: Chandler, 1964; SMITH M J. Contemporary communication research methods[M]. Belmont, CA: Wadsworth, 1988.

关的概念，这也意味着理论所包含的元素或概念的意义与彼此关系要具有简洁性（precision）与一致性（consistency）。理论的启发性则表现在它的范畴（scope）的可靠性以及用途（utility）的前瞻性上。可靠的范畴指理论能够被用来解释不同现象发生的原因，或不同概念之间的相互关系。一个理论如果无法对现象在某个特殊情况之下发生的原因与可能引发的结果做出可靠的解释，那么这个理论就失去了存在的价值。用途的前瞻性指理论能够协助我们对不同现象，如人类的行为，有更进一步的理解，或者能为研究的领域提供更先进的线索与契机。

本文依据上述理论评估的准则，来建构全球网络社区的理论。以“社区”来描述与解释当今人类网络社会，再以具有普适性的人类社会基本的生活结构——“家”来进一步解释“社区”这个概念，然后更深入地从跨文化交际的视角，把当今全球网络社区的人类新文化之家中的交流，视为文化脉络的互动，进而以边际博弈作为隐喻来象征文化脉络的互动，接着以边际智慧或跨文化交际能力作为体现与成就边际博弈的行为指标，最后以全球伦理的准则来有效地规范全球网络社区的跨文化脉络的互动博弈过程。本文以跨文化交际简洁易懂的不同概念，环环相扣地解说、论证全球网络社区，为理解当今与未来人类社会的可能面貌提供了跨文化交际视角的基础贡献。不过，这并不意味着本文的理论建构已达到理想理论的有效性与启发性的标准。对一个既复杂又高度动态的当今人类社会的描绘与初期理论建构，势必要面对如以下问题的重重挑战。

第一，全球网络社区理论建构所面对的主要挑战，莫过于当前人类社会因全球化与新科技合流所带来的高度动态性。动态性对于事物发展过程的冲击,往往直接显现在生成的稳定性与存在的真实性之间鸿沟的扩大①;或者说,人类社会时代精神的积淀性变得薄弱,提高了形塑共享集体意识的困难程度,提升了体现真实的障碍。② 这也会为用来概念化全球网络社区的其他几个概念的意义与它们之间的关联性带来挑战。就以本文提出的全球社区中跨文化交流的伦理准则为例,它们能够适当回应"新时代纷繁复杂的传播现象,呼唤传播伦理的重构和新作为"的呼吁吗?③ 如果传播伦理必须重构,它可能颠覆先前既存与有效的伦理准则吗?若真的需要重构,那么哪些项目可以构成一个较稳定、可遵循的准则呢?这些都是需要重新检视的问题。

第二,描述当今人类社会结构的用语有"全球社区/社会"与"全球网络社区/社会"两种。两个概念的用法尚未有严格的区分,因为当今就是一个无网络不成社会的时代,因此,全球社会与全球网络社会的意义可能是相同的。不过,从传播的角度而言,当今全球社会的交流存在着传统的面对面的交流与在网络虚拟空间的非面对面的交流两种形式。本文虽然没有区分两者之间可能存在的差异,但未来研究有必要观察本文所建构的理论在这两种不同交流方式的语境下是否会有不同的结果。然后再根据结果,决定是否有必要在研究时区分两个概念,以满足理论的有效性的要求。理论描述与解释的有效性也与全球社区的数量问题有关联。本文主张全球社区中的多元脉络互动,似乎把全球社区设想成唯一的人类社区。虽然全球化潮流与新科技的结合已大量压缩了时间与空间,但人类每日生活的地方仍没有

① 唐力权. 脉络与实在——怀海德机体哲学之批判的诠释[M]//毛怡红,宋继杰,罗嘉昌. 场与有——中外哲学的比较与融通. 北京:中国社会科学出版社,1996:131-203.

② HAZLITT W. The spirit of the age, or, contemporary portraits[M]. Miami, FL: Hard-Press,2017.

③ 张咏华. 试论数字化时代传播伦理的新嬗变与重构[J]. 中国传媒报告,2019(1):40-47.

变化。地球面积虽然有限,但从空间的角度把全球整合成一个高动态性日常互动的社区显然不符合实际的企图。在虚拟空间里,时空的压缩虽然可以突破距离空间的限制,同时将四面八方的人们汇集于一个共同的互动场所,但如同 Naisbitt 所言,虚拟空间虽然可随来随往,与多方人士交流互动,但里头却存在着万千个不同的"国家"(nations),而非只是一个单元的社会或社区。[①] 这给了本文作者一个机会,思考这个理论未来的发展方向,是否有必要把全球社区作为一个复数概念,以系统理论的观点把全球不同的社区视为不同的次系统(subsystem),且将所有次系统结合成一个全球社区大系统(suprasystem)。多元脉络互动的观点仍可适用于不同次系统间的互动,虽然这会增加理论的复杂性,但也同时扩充了理论的启发性。

第三,本文的全球网络社区理论的建构建立在文化与交际属于社会性的领域,从理论的启发性功能而言,未来可以继续探讨它是否具有用途的前瞻性,也就是它是否能应用到其他(如经济、外交、军事等)人类社会活动的不同领域,或作为不同学术研究领域的参照或引导。文化与交际的结合虽然是构成人类社会的基础面,但在不同层面的应用与发展,如以经济发展为平台的"一带一路"倡议[②],语言文化发展方面的孔子学院的设立[③],以及中国在外交上提出的人类命运共同体的理念与实践,其契合度可能无法重叠。对这种契合度的研究观察将对此理论的陆续修正改进大有帮助。

---

① NAISBITT J. Global paradox: the bigger the world economy, the more powerful its smallest players[M]. New York: William Morrow & Co.,1994.

② 何茂春,张冀兵,张雅芃,等."一带一路"战略面临的障碍与对策[J]. 新疆师范大学学报(哲学社会科学版), 2015(3):36-45; 陈国明."一带一路"倡议与实践:一个跨文化传播视角[C]. Paper Presented at the IAICS Annual Conference. Brno, Czech Republic,2019.

③ 安然,刘程,王丽虹. 孔子学院中方人员跨文化适应能力研究[M]. 北京:中国社会科学出版社, 2015.

第四,跨文化交际既然是本理论的视角,并以多元文化脉络的博弈互动为论证基础,那么理论建构的元素是否也应该具有多元文化的色彩?理想的答案是肯定的。由于理论建构的知识与方法一直受到西方文化的宰制[①],本文虽然试着突破这个困境,但也只能注入中华文化的部分贡献,未来除了能更广泛地加入中国文化的因素之外[②],也可经由与来自中西文化之外的学者在学术研究上的合作,使得全球网络社区理论的建构能更进一步提升范畴的可靠性与用途的前瞻性,提高整体的理论启发性功能。

第五,全球网络社区的理论建构,必须力图避免落入乌托邦的窠臼。《礼记·礼运大同篇》中天下为公的大同社会;老子的邻国相望,鸡犬之声相闻,民至老死不相往来的寡民小国;柏拉图的理想国;托马斯·莫尔的乌托邦;其他文化的种种对理想社会的论述等都试着为人类社会描绘出一个安居乐业的理想社会形态。可惜这些传统想象与理想的社会还未在任何人类社会实现过。当今人类正处于一个巨变时期,急需既适合描绘新社会面貌、新社会的可持续发展,又能避免乌托邦空泛理想的论述。希望本文对全球网络社区的描述以及从跨文化交际视角提出的可观察测试的中观理论,对人类未来社会的正向发展能尽到微薄之力。

(编辑:肖劲草)

① ASANTE M. The rhetoric of globalization: the europeanisation of human ideas[J]. Journal of multicultural discourses,2006,1(2):152-158.

② 邵培仁,姚锦云. 本土之路三十年:华夏传播理论的建构实践(1988—2018)[J]. 中国传媒报告, 2018(3):4-18.

数字化跨文化传播的后果:互联网时代的跨文化传播

◇ 延斯·奥尔伍德/著　胡湉湉/译　张春雨/校*

摘　要　数字传播既提供了新的机遇,又带来了新的问题。本文通过对比面对面的传播形式与基于互联网的数字传播形式的不同,讨论互联网数字传播的缺点,并由此扩展分析互联网数字传播对于跨文化传播的影响。本文提出,数字传播不仅带来了(跨)文化的变革,也对爱德华·霍尔、霍夫斯泰德和世界价值观调查(WVS)的全球文化分类和跨文化传播理论形成新的理论挑战。

关键词　数字传播,跨文化传播,面对面传播

On the Consequences of Digital Intercultural Communication: Intercultural Communication in the Internet Era

Abstract　Digital Communication (DC) not only offers new opportunities but also introduces new problems. This paper first

* 延斯·奥尔伍德,瑞典哥德堡大学教授;胡湉湉,武汉大学新闻与传播学院博士研究生;张春雨,武汉大学新闻与传播学院讲师。

compares the differences between digital communication and face-to-face communication, then unfolds the drawbacks of DC and examines how it influences intercultural communication. This paper suggests that DC not only leads to (inter)cultural transformation, but also challenges the global culture taxonomies and theories of Hall, Hofstede and World Values Survey (WVS).

Keywords digital communication, intercultural communication, face-to-face communication

一、为什么有趣?

无论是彼此认识的人,还是陌生人,具有相同语言的人们之间的数字传播变得越来越普遍。在具有不同文化背景和不同语言的人们之间,这种情况也越来越常见。它被用于不同的目的,例如新闻、商业、军事、科学、健康、旅游、交友等。

数字传播(digital communication)提供了新的机遇,同时也带来了新的问题。反映此问题的基础之一是考虑如何将数字化跨文化传播(digital intercultural communication)与面对面交流进行比较。下面我们将讨论这两种交流形式的一些弊端和优势,我们提出数字传播的挑战是广泛的,因其同时影响了单一文化(monocultural)和跨文化传播(intercultural communication)。我们还将探讨跨文化传播特有的一些问题,并讨论跨文化传播在互联网上变为数字化时会发生什么。

最后,我们将讨论数字传播是否以及如何改变文化,并将这一讨论与爱德华·霍尔(Edward Hall)[①]、霍夫斯泰德(Hofstede)[②]和世界价值观调查(World Values Survey,WVS)[③]的全球文化分类和理论联系起来,以便探讨这些理论中提出的文化特征如何被与日俱增的数字传播影响,以及数字传播又如何反过来对文化发生变化的国家之间的跨文化传播动态产生影响。

二、不同交流类型的定义和特征

为了对数字交流和面对面交流进行比较,笔者将首先梳理一些对这一比较有用的概念及其定义和特点。

我们将把"传播"定义为"不同类型内容的共享",例如事实性、情绪性和有意义性(意志性)的内容[④],而不仅仅是像香农和韦弗提出的著名的传播模式中的"内容转移"[⑤]。这个定义使用了"分享"(sharing)而不是"转移"(transfer)一词,有利于强调信息的发送方和接收方同等重要。香农和韦弗将传播描述为信息从发送者到接收者的"传递",而在这个过程中接收者是被动的。但是,事实上,不管要共享(甚至传递)何种信息,接收者的活动都

① HALL E T. Understanding cultural differences, Germans, French and Americans [M]. Yarmouth: Intercultural Press, 1990.

② HOFSTEDE G. Culture's consequences: comparing values, behaviors, institutions, and organizations across nations [M]. 2nd. Thousand Oaks, CA: SAGE Publications, 2001.

③ INGLEHART R, BASANEZ M, DIEZ-MEDRANO J, et al. Human beliefs and values: a cross-cultural sourcebook based on the 1999 - 2002 values surveys [M]. Mexico: Siglo Veintiuno editors, 2004.

④ ALLWOOD J. A multidimensional activity-based approach to communication [M]// WACHSMUTH I, DE RUITER J, JAECKS P, et al. Alignment in communication. Amsterdam: John Benjamins, 2013: 33-55.

⑤ SHANNON C E, WEAVER W. The mathematical theory of communication [M]. Champaign, IL: University of Illinois Press, 1963.

是至关重要的。

所谓“跨文化传播”,是指具有不同国家-种族背景的人之间的交流互动。

人类的基本交流方式是“面对面”和“多模态”的,涉及五官,即视觉、听觉、触觉、嗅觉和味觉的调动。它有“共时性”(co-temporality,即同步性)和“共现性”(co-presence,即传播者共享“这里”和“现在”)的特点。通常,它还是“可识别”的,即具有交流伙伴之间相互识别和认同的可能性。

数字互联网传播(DIC)是人类基本交流的延伸,它大多不是面对面和多模态的,即使它可以通过 Skype 或 Zoom 这样的视频会议系统变成几乎面对面的交流。当通过互联网进行面对面交流时,通常只有两种感觉方式是可能的,即用于写作、看图和影像所需的“视觉”以及用于谈话、听音乐和其他声音所需的“听觉”。在空间方面,数字互联网传播总是意味着“不共现”(non-co-presence),即交流的双方处于不同的物理位置。关于时间,与面对面交流相比,数字互联网传播可以是同步的(对于交流者来说,时间是同步的),也可以是不同步的,即可以有不同的发送和接收的时间。

数字互联网交流可以是“匿名的”或“可识别的”,不管是采用书面的、口头的,还是视频的形式。但是,在数字互联网交流中,比起面对面交流,可能没有真实身份识别的匿名性要普遍得多。

三、利用数字互联网加强和拓展交流

数字互联网传播为大多数用户带来了更广泛的联系。对许多人来说,交流已经变得更加全球化,这也使得联系的速度加快。你可以在几分钟内与世界各地的人取得联系,而不是等上几周才能收到一封信。对许多人来说,它还有利于更频繁的接触,不是一个月一次,可能是一周一次,或者在某些情况下，一天几次。总的来说，人类以一种前所未有的方式相互联系。这为信息共享、协作与合作等活动打开了大门，这些活动都是必不可少的，并且已经用于抗击环境破坏和流行病等。

因此，数字信息和交流使信息的存储、处理和共享活动大大增加，这对科学合作和新闻共享产生了积极影响，但也使监视更加容易。现在，从政府到商业公司和罪犯，许多不同的行动者可以跟踪"网民"的行为。同时，使用人工智能（AI）和人工通讯助手（artificial communicators）可以进一步扩展数字支持的交流，越来越多由人工智能支持的交流也出现了，如通过编程预先编辑好的信息和交流者——"网络替身"（avatars）或机器人。

越来越清晰的是，数字交流既可以积极地用于协作与合作，也遭到了更多质疑。它可以用于科学、新闻、商业或交友，也可以用于赌博、恶搞、色情、监视、间谍、犯罪和战争等。这些都发生在某一种单一文化内部以及生活在不同文化中的人之间的跨文化交流中。下面，我们将重点关注与数字互联网传播相关的一些问题和挑战，而不是其积极的方面，首先将数字互联网交流与面对面交流进行比较，然后继续讨论与数字互联网传播相关的一些更普遍的问题和挑战。[①]

四、基于互联网的数字交流与面对面交流的比较

正如我们已经注意到的，由于缺乏空间的共存，以及数字互联网交流比面对面交流具有更少的共时性，数字交流意味着更少的多模态。在面对面

---

① ALLWOOD J. Is digitalization dehumanization? — dystopic traits of digitalization. In Proceedings of the Digitalisation for a Sustainble Society[C]. Embodied, Embedded, Networked, Empowered through Information, Computation & Cognition!. Gothenburg, Sweden, 2017-06-12.

的交流中,所有的感官(视觉、听觉、嗅觉、味觉、触觉)都参与其中。与此相比,数字互联网交流中的多模态被削弱,即使它可能涉及一些多模态,例如数字通话和手势。一般来说,互联网技术使视觉(文字、图片、电影)和听觉(声音)的交流成为可能。但即使数字互联网交流正在逐渐改善,它也缺乏面对面交流的整体性共现(co-presence)的质量,且没有触摸、气味或味道。此外,数字互联网传播经常出现故障,出现问题时通常不易调整。

面对面交流和基于网络的数字交流的另一个区别是,由于一个共享的语境不是广泛存在的,只存在于特定的"互联网泡沫社区"中,与面对面交流相比,数字互联网交流缺少一个理所当然的、共享的语境和文化背景。面对面的交流通常存在一个丰富的共享环境,交流者在其中共存,因此,他们共享对事情状况的共同认知。相比之下,数字互联网交流是贫乏的,并且常常需要补充额外的情境知识。有趣的是,这会使互联网的监控变得更加困难,因为没有相关背景,监控人员也会面临被误解的风险。

此外,在数字互联网交流中,交流者的可识别性较差,匿名性较高。共现的面对面交流主要涉及身份识别,匿名或假身份是很难的。不共现的数字互联网交流确实也允许真实身份,但如果交流者出于某种原因想隐藏身份,匿名和假身份是非常容易获得的。互联网交流的真实性较低,其能够使用程序生成消息。当人类交流被计算机程序取代,人类只能通过人工智能获取信息时,这个问题变得更加严重。匿名和社会对互联网及其功能的依赖剧增,互联网因此为单文化和跨文化的犯罪式滥用创造了新的,甚至更多的机会。如今,在许多国家,网络欺诈比直接盗窃更为普遍。

五、数字互联网传播增长的其他缺点

我们现在将考虑与数字互联网传播相关的一些更普遍的问题和挑战。

互联网造成了所谓的“数字鸿沟”,因为不是每个人都有使用数字互联网传播的渠道和能力。在世界大多数地区,老年人、穷人以及处于弱小文化和使用小众语言的成员都会遭遇这种状况。

其他相关的问题可能还有数字通信的“脆弱性”。由于它依赖电力,可能会出现电力故障、自然灾害或破坏,届时通信将变得不可能。它还依赖于一个足够强大的互联网连接的可用性,而在世界许多地区,这仍然是一个问题。此外,数字传播还会遭遇恶意的网络攻击,其可以阻断交流、传播病毒等。

数字交流对健康也造成了一些影响。面对面的交流通常涉及四处走动、与人会面。数字交流导致身体活动减少。它创造了一种静止、久坐的文化,间接引起全球范围内肥胖和糖尿病等相关疾病的增加。世界卫生组织甚至称,在当今世界,肥胖是一个比饥饿更严重的问题。①

从权力和政治的角度看,控制权、权力和影响力可以通过监视、“诱骗”(如散布虚假、误导性信息)和蓄意破坏等新的方式来行使。许多数字服务(如 Facebook 和微信)背后都隐藏着经济和国家利益。所有权和控制权多掌握在一些占据垄断地位的美国公司(如谷歌、Facebook、亚马逊)以及一些强大的国家手中,如中国和俄罗斯。

数字交流也对认知和社交产生了影响。数字写作技术的进步,加上互联网上获取信息较容易,导致了更多的“复制粘贴”。在互联网上窃取信息的情况剧增,带来更多的抄袭,使独立思考更少。通常使用搜索算法都支持“确认偏差”(confirmation bias)——它们会向你提供已经搜索过的“更多相

① World Health Organization. Obesity vs. hunger[R/OL]. Geneva: WHO, 2019. https://www. who. int/newsroom/detail/16-12-2019-more-than-one-in-three-low-and-middle-income-countries-faceboth-extremes-of-malnutrition.

同”的信息。许多人已经越来越局限于自己的“网络信息泡沫”(net information bubble)。这会影响培养某些态度的可能性,例如政治态度。

匿名的可能性和接触范围的扩大,加上接触的速度和频率的提高,也有可能带来更多没有深度的、肤浅的社会接触。正如 Sherry Turkle 所说,也许我们正在走向“一起孤独”(alone together)的状态,在没有更深入的直接接触的情况下,我们在互联网上松散地连接在一起。[①] 因此,接触的频率和速度越大,信息处理就越肤浅,比如许多人更多是分享他们日常行为信息。这导致了一种肤浅的集体主义(Facebook/微信)以及自恋-自我崇拜(比如自拍)。

一般来说,基于互联网的数字交流使得间接的互联网接触逐渐取代直接的面对面联系。直接、有效的人工服务正在被运行较差的计算机程序所代替。我们被告知我们得到了更多的服务,但事实上,我们被告知的往往是一种关于数字传播的积极影响的炒作信息,而不是由于更少的交互和更少的服务导致的服务减少。用户必须完成先前由商店店员、售票员和秘书等完成的工作,而计算机程序也取代了先前由医生或银行职员等完成的工作。

六、在基于数字互联网的传播中增加跨文化联系

在上文,我们比较了基于网络的数字交流和面对面交流,并探讨了与数字传播相关的一些一般性问题。现在我们将继续探讨数字跨文化交流所特有的一些挑战。我们将比较基于国家单一文化和单一语言的数字传播与基于跨文化和语际网络(interlingual)的数字传播。我们将同时考虑这两种不

① TURKLE S. Alone together: why we expect more from technology and less from each other [M]. New York: Basic Books, 2011.

同传播形式的积极方面和消极方面。这样,我们将得到四向比较。

为了比较基于国家单一文化和单一语言的数字传播与基于跨文化和语际网络的数字传播,我们可能首先需要认识到地球上有 6500～7000 种语言和民族文化。我们还需要承认基于网络的数字传播正在加强跨文化和语际以及单一文化和单语的交流,一些遭受灭绝威胁的小语种和文化正通过数字援助得到加强和保护,许多有灭绝危险的语言正被数字资源所强化,可参见一些在南非和尼泊尔进行的此类研究,例如,Allwood,Hammarstróm,Hendrikse,Ngcobo,Nomdebevana① 以及 Allwood,Dhakhwa,Pokharel 等人的研究②。同时,这些语言和文化可以获得文化保护以及跨文化和跨语言交流的资源,参见 Dhakwha 和 Allwood③ 和 Allwood 以及 Dhakhwa 的研究④。

数字互联网传播还意味着,所有类型的跨文化传播都大大增加,即跨文化(cross-)、文化间(inter-)和转文化(transcultural)传播都得到了加强,而由于单一文化正在以数字方式发展,数字化多语言和多元文化交流的多样性也得到了加强。反过来,这使得对不同国家的居民进行更多的跨文化比较成为可能。这意味着存在更多的跨文化影响,国家之间的相互借鉴增多,随即也带来更多趋同。因此,同质性和多样性都是全球数字化的结果。

---

① ALLWOOD J, HAMMARSTRÖM, HENDRIKSE H, et al. Work on spoken (multimodal) corpora in South Africa [C]. Proceedings of the seventh conference on international language resources and evaluation (LREC'10). 2010.

② ALLWOOD J, DHAKHWA S, POKHAREL M, et al. Multimodal corpus using multimodal dictionary in lohorung [C]. Proceedings of the International Conference on Speech Databases and Assessments poster Sessions, Hsinchu, 2011.

③ DHAKWHA S, ALLWOOD J. Self documentation of endangered languages [C]. ISCSLP, 2012.

④ ALLWOOD J, DHAKHWA S. Working prototype of a multimodal dictionary [J]. Nepalese linguistics, 2012, 27:1-7.

此外,基于互联网的数字通信的发展为跨文化协作带来了更多的可能性。我们还可能看到跨文化影响和转移以及“跨文化性”的增加,这将带来超越目前单一文化的新的文化空间,创造混合或全新的文化形式。

七、数字跨文化传播面临的其他挑战

单一文化和单一语言交流可以依赖于一种共同的语言和或多或少相似的文化背景。因此,它比依赖非共同语言和非共享文化背景的跨文化交际受到的限制要小得多,无论是以你自己的母语(不是你的交际伙伴的语言)还是以一种习得的语言(如英语)进行。或者它必须依赖人工翻译或翻译人员,或者使用像谷歌翻译这样的数字辅助工具,甚至是非语言、手势的方式。这就意味着,跨文化交流往往会因为使用一种习得的语言或手势,由口译员或翻译员加以转换而变得不充分,而使用谷歌这样的数字翻译工具则往往会使交流更加贫乏。

除此之外,跨文化的数字互联网交流的增加还存在其他我们不应忽略的挑战和弊端。如上所述,其中一些弊端是认知层面的,因为与面对面交流相比,数字互联网交流(尤其是数字跨文化传播)总体上会使缺乏理解或肤浅理解的风险增加,有时由于缺乏共同的背景和共同的文化语言能力,还可能导致误解甚至引起冲突。

八、数字互联网与文化变革

我们要考虑的最后一个问题是,数字互联网交流是否以及如何引起文化变迁,这是否反过来会影响跨文化传播。如果引发变迁,就会通过改变交际双方的文化背景,影响到单一文化交流和跨文化传播。

根据以上的观察,我们可以合理地假设,与大多数重要的技术变革一样,基于互联网的数字化正在导致文化变革。研究这一假设的一种方法是去思考我们在上文讨论过的一些因素如何在已经提出的全球文化分类中影响不同民族文化的特征,其中最著名的是霍夫斯泰德、爱德华·霍尔和世界价值观调查的理论和分类。下面,我们将从数字传播可能带来的文化变革的角度对这三个理论进行简要的分析。

(一) 霍夫斯泰德

我们将首先讨论霍夫斯泰德提出的文化维度(cultural dimensions)。经过两次补充,目前文化维度的列表是:女性气质与男性气质、集体主义与个人主义、不确定性规避、权力距离、长期取向、放纵与自我克制[①]。

如果我们在前文提及的关于单一文化中的数字传播的后果是正确的,那么除此之外,它们会导致更多快速和浅层的联系。如果将其与霍夫斯泰德的文化分类法联系起来,可能会使得他所建议的许多文化层面更加肤浅。比如,根据霍夫斯泰德的研究[②],瑞典应被认为是世界上最女性化的国家,其中的一个证据就是瑞典会更关注国家的福利关怀(well-fare state caring)。这种关注与对数字服务的日益依赖相结合,可能会导致国家福利关怀更加肤浅和女性化,其中数字关怀(尤其是出于经济原因)将取代人类护理。

此外,我们也更难预测更快、更肤浅的接触对"不确定性规避"意味着什

---

① HOFSTEDE G. Culture's consequences: comparing values, behaviors, institutions, and organizations across nations [M]. 2nd ed. Thousand Oaks, CA: SAGE Publications, 2001.

② HOFSTEDE G, HOFSTEDE G J. Cultures and organizations. software of the mind [M]. 2nd ed. New York: Mc-Graw Hill, 2005.

么。也许,总的来说,它会导致更多的接触、预防和计划,但也有可能带来更多的暗中监视和干扰,以及因数字病毒、系统故障和电力故障等而更脆弱。这将增加不确定性,因此也会导致新形式的“不确定性规避”(uncertainty avoidance)。也许这在那些已经有高度规划和避免不确定性的国家中更为显著。

关于“权力距离”,互联网匿名性的增加,加上更快更肤浅的接触,意味着交流者的权力状态更不易被了解。这可能意味着平等交流的互联网实践的增加,甚至可以发生在中国这样被霍夫斯泰德称为有很大的“权力距离”的国家。

如果我们考虑霍夫斯泰德的两个最新维度——“长期导向”以及“放纵与克制”,传播速度的提升和肤浅性的增加将不会倾向于“长期导向”。哪怕在中国这样被霍夫斯泰德称为“长期导向”的国家,关系也会变得短暂,这将意味着文化的变革,而在那些被霍夫斯泰德称为“短期导向”的国家,“短期取向”将会更强化。关于“放纵与克制”的维度,交流速度的提高、自恋和肤浅的增加使得交流更倾向于“放纵”。

所以,根据霍夫斯泰德提出的六个维度,我们认为数字互联网将增长集体主义、不确定性规避、肤浅形式的女性气质和放纵;它将削弱权力差异、关怀、长期取向和自我约束。如果这些关于文化变化的观点是正确的,它们也应该对跨文化传播产生影响,当它们发生时,其性质将更容易描述。

(二)爱德华·霍尔

作为“跨文化传播”(intercultural communication)一词的可能创始人,爱德华·霍尔提出了文化比较的几个维度。这些维度有:(1)语境(context),包括高语境和低语境;(2)时间,包括单一时间(monochronic)和多元时间(polychronic);(3)空间,包括个人空间和地域性(territoriality)。

如果我们从"语境"开始考虑,互联网在没有共享语境的情况下增加了交流,根据霍尔的观点,文化的低语境特征将因此有所增加,从而要求更明确的言语信息而削弱了"内部群体"(in-groups)的重要性。"网络泡沫"(internet bubbles)和"确认偏误"可能会产生相反的效果,从而增加群体内影响力和高语境特征。因此,高语境和低语境的特征都应该增加。高语境表现在特定的活动和群体中,而低语境则在数字交流中更普遍。

关于空间,互联网意味着"匿名性"和"非共享存在"的发生,并将在传播者之间增加匿名性和非共享存在。这将加大交流者之间的空间距离,至少在互联网上是这样的。关于地域性,在互联网上,尽管有防火墙的控制,但其很难控制一个"地域",因此,地域性应该会被削弱。

关于时间,单一时间文化与多元时间文化是不同的。在单一时间文化中,时间是线性的,事件在有限的时间间隔内是不同且连续的。在多元时间文化中,时间的线性和连续性被削弱,事件可以重叠、同时发生,并且在时间上具有较少确定的边界。互联网应该增加多时性,因为它使参与多种活动成为可能,并降低了共享时间性和严格时间限制的重要性。

因此,基于互联网的数字化,爱德华·霍尔提出的文化特征的影响似乎在特定的活动和群体中体现了高语境的特征,但有时在互联网传播中更普遍地强化了低语境的特点。至于空间,个人距离将会扩大,从而缩小地域性。在时间上,互联网会降低单一时间性的重要性,并允许多元时间的增加。

(三)世界价值观调查

世界价值观调查(以下简称 WVS)在很大程度上源于 Ronald Inglehart

和 Christian Welzel 提出的理论和文化维度。① 他们根据两个维度绘制了世界文化地图:(1)"传统"与"世俗理性"(secular-rational);(2)"生存"与"自我表达"。

数字化和互联网意味着信息在全球的传播速度加快,并正影响到新的人群。一般来说,这也意味着"世俗-理性"价值将以牺牲"传统"价值为代价而增加,因为它们在特定领域的锚定更少了。根据 WVS 的观点,民主和女权主义都是"世俗-理性"价值观的例子,这应该意味着,通常互联网将促进这些观点的传播。同时,宗教和家庭忠诚被视为传统价值,因此不应该传播太多。然而,"传统"价值观的力量可能会在特定的互联网泡沫中增强,并得到证实性偏见或所谓"防火墙"的支持,阻止未证实的观点进入。

在"生存"与"自我表达"之间,互联网显然通过社交媒体(如 Facebook、YouTube 和微信)和自拍加强了"自我表达"。即使数字化倡导者试图证明数字化和互联网也可以在提高不同地区的生活质量并在生存方面发挥重要作用,但其对"生存"文化的价值正在被削弱。

综上所述,结合 WVS 所提出的维度,基于互联网的数字化传播,除了特定的互联网泡沫之外,似乎更强化了一种文化的世俗理性特征而非传统价值。它似乎也加强了对自我表达的关注,而不是对生存的关注。

---

① INGLEHART R. Modernization and post-modernization: cultural, economic and political change in 43 societies [M]. Princeton, NJ: Princeton University Press, 1997;WELZEL C. Freedom rising: human empowerment and the quest for emancipation [M]. Cambridge, United Kingdom: Cambridge University Press, 2013: 2;WELZEL C, INGLEHART R, KLIKEMANN H D. The theory of human development: a cross-cultural analysis [J]. European journal of political research, 2003, 42(3): 341-379.

九、总结与反思

基于互联网的数字传播将增加,这意味着基于数字互联网的跨文化传播也将增加,这为交流增加了许多新的可能性,但也存在许多缺点和挑战,无论是对单一文化传播还是对跨文化传播。我们还看到,基于互联网的数字化传播既削弱又强化了多元文化主义。它导致更强的数字支持的单一文化主义和单一语言主义,但也推动了更多的接触和文化之间的影响。

基于互联网的数字传播及其影响也会引发文化变革,我们在上文讨论过的三种著名文化分类法中提出的文化特征可能会受到影响。然而,这些变化又将如何反过来影响跨文化传播,将是未来值得研究的问题。

(编辑:张春雨)

从比较人设的角度理解比较传播研究

◇ 大卫·马修/著　张春雨、辛静、方静/译*

摘　要　在几个世纪以前,多个学科已经生成了自身的比较研究和理论。科学发展史上出现了一种重要的研究方向,即我们知道的“比较解剖学”学科。比较文学是一个涉及民族主义、唯美主义以及对文本生产形式进行研究的领域,较早就开始了比较研究并影响了比较传播研究。本文首先对比较这一概念进行知识考古,追溯其如何成为近50年来传播研究中的新兴要素。随后,本文将研究视角重点放在比较公共身份(public identities)上,具体也可称为比较人设(persona)分析,并讨论这一视角如何为比较传播研究提供具体的研究方向。最后,本文重点讨论网络层面的比较人设,借此探寻如何从这一维度推进新一代的比较传播研究的发展。

关键词　比较传播研究,人设,比较人设

---

* 大卫·马修,澳大利亚迪肯大学传播与创意艺术学院教授;张春雨,武汉大学新闻与传播学院讲师;辛静,华中师范大学新闻传播学院副教授,武汉大学媒体发展研究中心研究员;方静,湖北日报传媒集团楚天书局编辑。

Understanding Comparative Communication through the Lens of Comparative Persona

Abstract Comparative studies and research have emerged in a variety of disciplines and over many centuries. In the history of science, one can see something called comparative anatomy emerging as a significant direction of research. The discipline of comparative literature, an area that has played with dimensions of nationalism, aestheticism and a more general study of the production of written forms, represents one of the longer objects of investigation that has informed comparative communication. This paper begins with tracing the intellectual origins of the idea of comparison and how it became an emerging element in the study of communication over the last 50 years. Its objective then is to work out how a focus on comparative public identities—what will be identified as comparative personas specifically—can inform comparative communication research. The paper concludes with a study of the particular dimensions of online comparative persona and how a new generation of comparative communication research can be advanced from this perspective.

Keywords comparative communication study, persona, comparative persona

2018 年，武汉大学媒体发展研究中心(CSMD)与澳大利亚迪肯大学的阿尔弗雷德·迪肯研究所(ADI)及其全球数字公共网络(GDPN)和传播与创意艺术学院(SCCA)的学者合作,召开首届国际比较传播研讨会。2019年11月,在由武汉大学媒体发展研究中心主办的第二届国际比较传播研讨会上,我们又进一步探讨了合作的想法,笔者坚信这些有趣的探讨会引领未来几年比较传播研究的新方向。在这篇论文中,笔者有两个目标:(1)通过简要回顾比较研究在相关学科的历史及其与传播学研究中一些有趣的比较研究的交织,厘清比较传播的起源;(2)探讨在人设研究的框架下进行比较人设研究,进而论述比较人设分析如何为比较传播研究提供新的研究视角。

一、比较研究的概念:历史的前身

比较研究有一段有趣的历史,可以帮助我们理解其在传播研究中的价值。奇怪的是,至少在西方文化中,随着科学家开始探索动物与人类结构的异同,比较解剖学就成为最早的主要比较研究的模型之一。它开启了19世纪对进化生物学交叉的解释。当然,还有其他派生的比较研究,通常与国际关系和政治有关。① 而回应到本文的主题,比较传播工作的主要先驱可能源自比较文学领域。在许多西欧国家,比较文学的发展与民族主义的出现有关。正如豪恩·索西解释的那样,“众所周知,比较文学是19世纪的产物”②。他继而细致入微地讲述了白话如何挑战以前占主导地位的写作语

---

① 根据Eckstein (1967),比较政治学可以追溯至亚里士多德、马基雅弗利、托克维尔和马克思等人;《比较政治学》也创立于1968年 (Katzelson 1997);Lichbach和Zuckerman (1997) 撰写的*Comparative Politics: Rationality, Culture and Structure*,则对比较政治学做了比较好的梳理和总结。

② SAUSSY H. Comparative literature in an age of globalization [M]. Baltimore, MD: JHU Press, 2006: 5.

言，即经典的学术权威拉丁语，并有效地促成了比较文学流派的形成。

比较文学制度化和进入学术界后，演变成研究不同写作传统的表达价值。诸如出现于19世纪的“世界文学”之类的词，是文学研究中应该保留、使用并分享的一种典范。在20世纪后半叶，后殖民文学的出现，回应了不同结构的文化价值和等级，这也可能早已出现在早期的比较文学研究中。随后，文化研究以及跨文化研究的出现和发展，开始重塑比较文学研究。这两个领域都致力于融合文学研究的一些元素，研究读者是如何解读文学本身生成的、重构的，或者翻译带来的文化上的细微差别和不同。随着该领域的发展，有关性别和亚文化的进一步解读也改变了比较文学的观念并使之复杂化。

二、比较传播

通过简单回顾比较传播的前身，我们可以看到，在进行两两对比的同时也需要理解这两者的“交叉点”。在学术研究中探讨“交叉点”，也即笔者在前面讨论比较文学时提及的，比较传播同样是从与其他学科的交汇中建立的。因此，弗兰克・埃瑟（Frank Esser）和托马斯・哈尼奇（Thomas Hanitzch）编著的《比较传播研究手册》中，专门设立了“学科发展”的部分，共9个章节，介绍了传播与健康、视觉艺术、发展研究、商业、政治、性别、语言学和技术研究等学科的交叉关系。[①] 当对其余部分进行全面分析时，我们也可以明显看到比较传播与其他学科的交集。当论证这些交叉学科是一些别的学科时，我们往往会将其与比较研究联系起来，比如社会心理学、经济学、人

---

① ESSER F, HANITZSCH T. The handbook of comparative communication research [M]. New York: Routledge, 2012: 25-182.

类学,以及一些传播学科中已融合比较视角的子学科,比如政治传播、传播理论和传播哲学等。也许比较是传播固有的形式,因为传播的发生往往都需要借助不同的技术途径和渠道。因此,当使用文本、字符和技术媒介,如社交媒体平台、智能电话以及老式电话、电视和电影等时,也可以看到比较行为的存在。

三、比较传播研究存在的问题

毫无疑问,比较传播的研究是有价值的。但也许是因为文化之间的交叉和跨学科的知识探究之间的交叉,比较形式的分析依旧存在一些老问题。弗兰克·埃瑟(Frank Esser)和托马斯·哈尼奇(Thomas Hanitzch)(2012)在题为《比较传播研究的挑战和出路探究》的论文中,列出了一些创新比较传播研究需予以关注的问题和路径。首先,他们分析了传播模型的"扩散"问题。换句话说,在笔者看来,有很多因素使传播本身成为交换(exchange)的一部分,因此,传播研究也涵盖了不同文化之间的比较研究。我们如何认识"全球化"的复杂性,以及如何在具有明显文化霸权的语境下对全球化进行差异化和情境化的理解?[①] 其次,技术的扩散使媒介化过程变得更为复杂,特别是当其在不同文化中扩散时,而且还可以更准确地复制或变异其他地方发生的事情。最后,方法论上出现了问题。从文化的角度来看,研究方法也存在偏差。即使在我们衡量一种科学研究方法是否客观时,也会受到我们文化传统中如何使用主观性和客观性这些术语去定义科学的影响。因此,要发展比较传播研究,重要的是在这类研究中使用等效的术语和概念,

---

① ESSER F, HANITZSCH T. The handbook of comparative communication research [M]. New York: Routledge, 2012: 503.

这就可能需要在跨文化研究合作中去协商这些术语和概念的定义和使用，从而生产出有价值的学术成果。

四、对比传播学中的国际主流传统

在传播学研究中，鲜少被讨论的一个话题是在世界不同地区，传播学研究存在不同的传统。不少学者认为，传播学研究中广泛存在一种西方的偏见。笔者认为并非如此，把西方传统理解成单一形式其实是一种误读。全球不同地区对于传播学的研究都建立在其与一些已有学科的关系之上。在不同国家和地区的学术文化下，学科之间的关系及其学科思维和方法的确立，都对传播学产生了极大的影响，因此需要更多直接的、对比的探讨。以下是对西方文化下不同传播学研究方法和路径的粗略梳理。

在欧洲的科学传统中，传播学学科一般被称为传播科学（communication science）。之所以这么命名，是因为在欧洲，传播学被认为是社会科学的一个分支，这也跟欧洲文化在过去300年如何定义知识的形成以及20世纪四五十年代对美国传播学的移植和交流有关。[①] 比如过去70年一直称呼的大众传播，就体现了这一传统，其被认为是从美国芝加哥学派的社会学分流出来的一个学科。

大众传播研究又从欧洲移植了德国法兰克福学派对于当代文化的批判理论。批判理论在很多方面都整合了马克思影响下的政治经济学观点，主要批判当代大众文化对于大众娱乐生成的奴役符号解读的局限

① HARDT H. Foreword［M］// DAVID W，POOLEY P AND J . The history of media and communication research：contested memories. New York：Peter Lang，2008：xi-xvi.

性。[①] 沃尔特·本雅明延续了这一传统,[②]其理论成为形成于20世纪60年代的英国文化研究学派的一大理论来源。[③] 哈贝马斯对于交往和公共领域的研究则被视为20世纪后期批判理论的深化,并直接影响了当代传播学研究。

由此可见,在过去30年的中欧以及德国思想中,传播学的批判传统已经发生了转变。其中一大转变体现在对里希·科特勒(Friedrich Kittler)的传播技术的研究及其建构的"文化技术"(cultural technique)和"话语网络"(discourse networks)的生产理论的挑战上。[④]

在传播学中,法国传统的突破性则体现在其将精神分析融合于电影研究中。通过罗兰·巴特,法国的传播学传统又转向对符号研究的符号学上。[⑤] 福柯又从后结构主义的大框架出发,从统治、主体性、西方文化的形成等视角讨论媒体、文化与传播。[⑥] 福柯对传播的解读因其将媒介放置于文化体系下讨论,极大挑战了对权力的构成以及合法性的结构的理解。

---

① HORKHEIMER M, ADORNO T W. Dialectic of enlightenment [M]. New York: Continuum: 1972.

② BENJAMIN W. Illuminations[M]. London: Fontana, 1973.

③ MCROBBIE A. The passagenwerk and the place of Walter Benjamin in cultural studies: Benjamin, cultural studies, Marxist theories of art [J]. Cultural studies, 1992, 6(2): 147-169.

④ KITTLER F A. Discourse networks 1800/1900 [M]. Palo Alto, CA: Stanford University Press, 1990. KITTLER F A. Gramophone, film, typewriter [M]. Palo Alto, CA: Stanford University Press, 1999. WINTHROP-YOUNG G, GANE N. Friedrich kittler: an introduction [J]. Theory, culture & society, 2006, 23(7-8): 5-16.

⑤ BARTHES R. Mythologies[M]. Le Seuil, 2015.

⑥ PACKER J. Mapping the intersections of foucault and cultural studies: an interview with lawrence grossberg and toby miller, October 2000 [M]// BRATICH J Z, PACKER J, MCCARTHY C. Foucault, cultural studies and governmentality. Albany, NY: State University of New York Press, 2003.

尽管这些思想传统与传播和媒介研究的结合多发生在英语国家，但是在西方文化中，不同的理论传统也会吸收或限制传播学科中一些思想的流变。比如，不同于欧洲的理论传统，美国的传播学明显转向一些应用研究，比如公关、组织传播、新闻等。此外，还需要记得的是传播学研究的历史可以追溯到已具有百年历史的美国国家传播协会（National Communication Association），该协会的成立与修辞学（Rhetoric）的发展密不可分。[①] 修辞学主要关注美国文化是如何定义民主以及被修辞家定义的、源自希腊罗马哲学传统的辩论形式与民主的关系的。在这一传统之下，传播被解读为与某一文化中的公民权利和公共发声有关。

加拿大传统源自英国传统，当然也受到了法国思想的很大影响。但是更有趣的是，加拿大传播学的发展可以被称为第一代后殖民主义传播分析和批判。加拿大出现了两个明确的不同方向，其中一个是采用政治经济学的视角，分析传播如何构成权力。这一方向，很大部分源自于哈罗德·亚当斯·英尼斯的早期研究[②]以及马歇尔·麦克卢汉对媒体和传播的宏观解读[③]。

与这一后殖民主义传播研究路径同期的是澳大利亚传播学的兴起。在许多方面，澳大利亚传播学研究深受英国的文学研究传统的影响，移植并吸收了以雷蒙德·威廉斯（Raymond Williams）为代表的学者对其他传播形式

---

① NATIONAL COMMUNICATION ASSOCIATION. A brief history of NCA [EB/OL]. [2020-02-06]. https://www.natcom.org/about-nca/what-nca/nca-history/brief-history-nca.

② INNIS H A. The bias of communication [M]. Toronto: University of Toronto Press, 2008; INNIS H A. Empire and communications [M]. Lanham, MD: Rowman & Littlefield, 2007.

③ MCLUHAN M, MCLUHAN M A. Understanding media: the extensions of man [M]. Cambridge, MA: MIT press, 1994.

的研究的观点。[①] 这一移植奠定了澳大利亚传播学的文化研究取向,即关注政治治理如何通过媒介技术影响广泛的文化体验以及解读在文化产业中的文化形成和方向。[②]

笔者对于西方传播研究中不同学术传统的梳理并不全面。这些传统确立了自己的模式,但是这些模式也是不同学术文化交流的产物。科学研究的客观性其实源自人类文化以及不同文化的交流,交流总是不稳定的、存在差异的,且研究目的本质上是主观的。

五、比较传播学研究的具体研究议题:不同文化中的人设传播

回顾传播学研究的不同传统,我们可以知道比较传播学可以朝多个方向发展,但是需要考虑文化和学术传统模式的影响。比较传播学的研究工作需要认识到这些传统,并反思这些传统如何影响我们对跨文化传播的解读以及不同文化背景下的学者的学术偏见和预设如何根植于其作品和思维。接下来本文将转向讨论比较传播研究为何需要跨文化合作以及如何发展跨文化合作。为此,笔者选择了比较擅长的研究领域来探讨跨文化合作的可能性,即我们新的传播形式如何以特定的形式改变不同的文化及其相

① WILLIAMS R. Communications as cultural science [J]. Journal of communication, 1974, 24(3): 17-25.

② TURNER G. Nation, culture, text: Australian cultural and media studies (communication and society) [M]. London & New York: Routledge, 1993; TURNNER G, CUNINGHAM S. The media and communications in Australia (3rd ed). Crows Nest, N.S.W.: Allen & Unwin, 2010; FROW J. Australian cultural studies: theory, story, history [J]. Postcolonial studies, 2007, 10(1): 59-75.

关的传播传统下个人的公共形象。

这一研究的比较维度需要注意比较传播的复杂性。因此，这项研究需要结合笔者之前所阐述的相关内容：

(1)扩散——不同文化之间的技术和传播交流形式如何改变我们用以塑造新的公共形象的技术使用模式？

(2)方法——可以使用哪些术语来理解公共、私人和集体的新维度，以便进行有价值的比较？

(3)传统——需要整合哪些研究传统和方法？在比较领域中，这些研究传统和方法能否促进比较传播进一步发展？

考虑到该方向可能会探索的范围，笔者认为该研究的研究者首先需要有关传播研究的传统方法的背景知识，了解在每一种文化中个人与集体的复杂历史关系及其在不同时间段与传播形式和技术的关联。

六、比较人设传播项目

关注个人的公共形象的研究取向某种程度上源于西方文化，因此，可将笔者提议的这一研究项目命名为“比较人设传播研究”。前人早有对于人设的研究，但是发展成现在的“人设研究”(Persona Studies)，始于十年前，与传播学的研究文化直接相关。

第一步，如果我们要达成跨文化合作，那么我们的目的就是要了解不同文化的异同及其对个人公共形象塑造的影响，还需要注意到技术整合在此过程中的作用，哪怕我们这一研究议题中的关键概念“persona”(人设)很难在其他语言中找到对应的翻译，因此，比较工作的首要任务就是寻找和确定一些等同的词可以在不同语言中表达同一意思。那么第一步就很简单，就是确定比较哪种文化。对应我们的合作项目,第一步是比较中国文化和以英语为基础的澳大利亚文化中对于人设的理解。为了促使该项研究继续发展,必不可少的下一步就是使这项研究与中国的研究传统相融合。为了使其发挥作用,它必须融合一些比较传播和跨文化传播中的研究传统,因为后者已经在进行跨文化的比较。这就需要了解一些同类的研究传统如何交织、相互补充,从而促使更多来自世界其他地区,也许是中国或更广泛的亚洲地区的研究人员进行交流合作。在某种程度上,中国和亚洲学者都了解先前笔者提及的一些西方传播学研究的学术和知识传统,但是不可否认的是,过去30年的学术研究中也产生了一些其他有价值的途径可以扩展传播学研究。

第二步,为了进一步推进跨文化的比较项目,我们需要探索一些与中国学者相关的子课题。与中国学者有潜在联系且最接近的研究领域是丁允珠的面子协商理论,这一研究与跨文化传播密不可分,也与我们这一项目有关联。① 这种理论起源于分析不同文化如何通过面部表情和手势来理解冲突以及协商,并且可以在外交中将这些手段整合在一起从而取得更好的外交对话效果。这些研究可以在我们跨文化人设比较研究中引用,利于我们分析在技术屏幕面前的人设塑造。如果将面子研究深化,并将其与广泛的历史和心理派生的面部识别分析②相结合,阐释中国和亚洲的面子文化,这将成为中国以及西方文化中一个新兴的研究领域。第二个相关子课题可以是

① TING-TOOMEY S, DORJEE T. Communicating across cultures [M]. New York: Guilford Publications, 2018; JIA W. The remaking of the Chinese character and identity in the 21st century: the Chinese face practices [M]. Westport, CT: Greenwood Publishing Group, 2001.

② TODOROV A B. Face value: the irresistible influence of first impressions [M]. Princeton, NJ: Princeton University Press, 2017.

计算机介导传播(Computer Mediated Communication)的一个子领域——“社会认同去个性化”理论(Social Identity De-Individuation Theory),简称SIDE理论。[①] 在比较传播研究中,这个方向变得冷门并逐渐消失。但是,它为当代中国开展人设研究提供了另一个可能的方向,以便将来与英语文化研究进行比较。传播技术领域的社会心理学取向的研究仍在探索这一话题,主要是分析社会匿名性以及群体身份如何影响个人广泛和富有经验地使用社交媒体的不同方式,不少人在这一话题上深耕,有可能会被吸收进我们的人设传播比较研究中。

第三步,比较传播研究一个重要的维度是避免不同知识文化传统对于研究方向预设的影响。通过寻找和翻译针对比较人设的关键词和关键概念,接下来的第三步就是联合中国学者,探寻与人设研究相关的其他理论传统。这就要求很多中国学者合作,梳理在中国已经存在的关于人设的交叉研究,并精准定位一些比较研究和跨文化传播领域的著名学者,梳理中国传播学研究中关于公共形象塑造和网络文化的讨论,从而为我们这个项目提供新的方向。

七、人设分析:定义、关键词、方法的对比

在这项比较工作中,核心关键词和专业术语的确立将会决定这个研究的方向,尽管这些关键词和术语可能在进入中国传播学研究时有所区别和演化。只要我们这个项目确定了研究目的和分析的领域,现有的关于人设的大量研究将会为这个项目提供一些理论基础和基本概念。尽管也有一些

---

① KLEIN O, SPEARS R, REICHER S. Social identity performance: extending the strategic side of side [J]. Personality and social psychology review, 2007, 11(1): 28-45.

论文发表了关于人设的研究,但是过去5年关于人设研究的核心论文都汇集在《人设研究》(*Persona Studies*)这一学术期刊上。此外,这一领域的核心学者也在2019年合力编撰了第一本关于人设研究的著作,名为《人设研究入门手册》(*Persona Studies*: *An Introduction*),书中梳理的人设研究相关概念和术语,将为我们这个比较人设研究奠定基础。① 本书及其他相关文章中出现的一系列关键词、专业术语以及相关方法论,都可以被整合、翻译并纳入中国这一比较研究的范畴中。随即,我们需要对人设研究的关键概念进行梳理,这有利于在未来进行不同网络人设比较传播研究的项目中使用。

进行比较人设研究,就要了解人设的定义:它既不是个人也不是集体,而是个人转化成集体的方式,它反映了个体如何与群体进行协商从而建构一个虚构的、战略性的身份,就像人的面具一样。② 网络人设则是个人、私人、公共、专业和亲密关系的新构型,并且通过我们在网络和社交媒体平台上的展现方式进行了重新塑造。了解网络人设及其如何改变我们对于个人及集体的认知是本比较研究的最终目标。

人设传播是这项研究的重点,但是我们还需要发展一些其他术语且这些术语可以在不同研究文化中进行翻译和转化,其中一个概念是间性传播(intercommunication)。③ 间性传播体现了亲密人际关系与网络化的公共共享以及高度媒介化的社交媒体平台的新融合。当下形成了众多非常复杂的

① MARSHALL P D, BARBOUR K, MOORE C. Persona studies: an introduction [M]. Hoboken, NJ: Wiley Blackwell, 2019.

② MARSHALL P D, BARBOUR K, MOORE C. Persona studies: an introduction [M]. Hoboken, NJ: Wiley Blackwell, 2019: 1-14.

③ MARSHALL P D, BARBOUR K, MOORE C. Persona studies: an introduction [M]. Hoboken, NJ: Wiley Blackwell, 2019: 47-54.

间性传播行业，可以为人际交往和高度媒介化的流程提供服务，而且远远超出了我们在过去的传播技术形式中所看到的任何形式的媒介化（mediatization）。必须进一步分析间性传播行业，以厘清其发展的逻辑性和必要性。换句话说，诸如谷歌和Facebook之类的公司已经构建了一种新的便捷形式，可以将人际分享与新的网络化联结模式融合。当然，在这一便捷的世界中，间性传播行业也提出了新的发展目标，而随着我们进一步探索关于网络人设比较研究的相关术语，笔者会在这方面进一步展开思考。

八、比较工作需要转换术语

这个研究项目必须整合不同文化传统，因为不同的文化传统会影响到我们的整合以及我们个体如何塑造自己公共的、私人的、亲密的和专业的人设形象。在我们先前的研究中，我们总结了五个方面的人设①，这可能与我们这一次比较人设的研究稍有不同。

人设的公共维度具有悠久的历史，其公共形象的塑造涉及世界众多领域的名人，其中包括政治、经济和文化领域的领袖，他们都在用有意或无意的方式塑造自己的形象以及公共个性。公众品质非常重要，因而成千上万的人使用社交媒体来塑造自己的公众形象。② 我们将公众向不同集体组成转化这一维度与第四点人格的集体维度联系起来展开讨论。

人设的第一维度是公共维度。在新时代，对众多公众人物来说，其人设

① MARSHALL P D, BARBOUR K, MOORE C. Persona studies: an introduction [M]. Hoboken, NJ: Wiley Blackwell, 2019: 67-80.

② MARSHALL P D. The celebrity persona pandemic [M]. Minnesota, MN: University of Minnesota Press, 2016; MARSHALL P D, HENDERSON N. Political persona 2016: an introduction [J]. Persona studies, 2016(2):2.

不仅体现了名声的全球化建构,还包含了个人微观形象在社交媒体平台上向朋友、粉丝以及数十亿用户的公共展现,这对我们的比较工作颇为重要。

人设的第二维度是“媒介化”(mediatized)。① 重新了解和建构我们是谁也使我们进入了数据和数据共享的世界。在我们新的网络人设构建中,我们自己的某些人设被重建为图像、文本、动画。

人设的第三维度是表演维度。② 重要的是要认识到,人设是对自我的展示和表演,正如我们在定义中所确定的那样,它不是自我,而是进入公众领域的一种呈现。这里使用公共领域这一概念是为了说明人设在面对不同群体时有不同的设计,此外,公共领域未必与我们认为的广义上的公共,甚至微观公共交叉。人设的表演性是将我们的个人形象塑造成个人、公共和专业的一面,可见是一种有趣的行为。朱迪思·巴特勒(Judith Butler)关于性别是一种表演的观点③,有利于我们理解人设,即个人在进入公共空间时需要如何建构一个虚构的身份。我们的比较研究的创新之处在于,我们将探讨在不同文化中人设的表演的不同。

人设的第四维度是集体维度。④ 对于集体维度的关注可以帮助我们注意到公众这一概念无法捕捉到的其他方面。集体的大小各不相同,相互关联并且进行了与过去一样可能与空间构建无关的转化。集体也可能在变化并具有不同的等级意义,在我们所研究的比较文化中,集体的意义可能会完

---

① MARSHALL P D, BARBOUR K, MOORE C. Persona studies: an introduction [M]. Hoboken, NJ: Wiley Blackwell, 2019: 69.

② MARSHALL P D, BARBOUR K, MOORE C. Persona studies: an introduction [M]. Hoboken, NJ: Wiley Blackwell, 2019: 69.

③ BUTLER J. Gender trouble: feminism and the subversion of identity [M]. New York: Routledge, 1999.

④ MARSHALL P D, BARBOUR K, MOORE C. Persona studies: an introduction [M]. Hoboken, NJ: Wiley Blackwell, 2019: 71.

全不同。

此外，我们的工作之一是进一步研究人设的第五个维度，我们将其称为 VARP 分析，即对价值（value）、能动性（agency）、名誉（reputation）和威望（prestige）的深入研究，及其如何在重组后的交流传播过程中和文化身份中被个体表演和经营。[①] 在我们的比较工作中，网络的改变影响了我们对这一维度的价值的评估，但是这一维度可能建立在具有不同价值和形式的名誉和能动性的基础上，而在每个文化中名誉和能动性意味着享有一定特权。

将以上维度的分析纳入比较研究中有利于我们去讨论人设的生成，特别是我们如何在网络文化中展现专业、个人、私密特质的自己。[②] 此外，间性传播的技术也会通过光谱（spectrum）中的一些基本要素，如个人的、人际的、标引的（indexical）以及互联网络的（internetworked），来重构人设。[③]

以上所有维度的分析和方法操作会一起纳入这次的比较研究中，但是这些术语将会被转换，这不仅要考虑到人设塑造在一个文化中以及公共个性中的固有特质，也要去分辨这些特质是外来的还是两个不同文化共享的。比较人设研究需要探索可能的路径，以及如何让人设的分析比较更有效。

（编辑：张春雨）

---

① MARSHALL P D，BARBOUR K，MOORE C. Persona studies：an introduction [M]. Hoboken，NJ：Wiley Blackwell，2019：72-79.

② MARSHALL P D，BARBOUR K，MOORE C. Persona studies：an introduction [M]. Hoboken，NJ：Wiley Blackwell，2019：65-69.

③ MARSHALL P D，BARBOUR K，MOORE C. Persona studies：an introduction [M]. Hoboken，NJ：Wiley Blackwell，2019：60-65.

中美新冠疫情报道的修辞及其跨文化比较

◇ 吕　行*

摘　要　本文从修辞学和跨文化传播学的角度列举和分析中美两国主流媒体在抗击新冠病毒期间的话语和文化倾向。中国媒体的话语突出赞美和正面报道,而美国媒体的话语聚焦批评和负面报道。中国的官方话语和私人话语有显著区别,而美国官方话语和私人话语比较接近。中国主流媒体的话语比较高语境,而美国主流媒体话语相对低语境。在说服手法上,美国主流媒体比较强调归纳性思维,中国主流媒体更注重道德和情感诉求。中国在疫情中表现出集体主义精神,使疫情得到了有效的控制。美国的个人主义传统使疫情不能很好地被控制。这次疫情也充分体现了人文科学在应对疫情带来的各种挑战中不可忽视的重要性。

关键词　修辞学,跨文化传播,新冠病毒,中美比较,人文科学

* 吕行,美国迪堡大学(DePaul University)教授,研究方向为东西方修辞学比较、政治话语分析、跨文化沟通、华裔文化认同。

A Comparison of Rhetoric and Cultural Orientation between China and the United States during the COVID-19 Pandemic

Abstract This article identifies and analyzes the differences in the use of rhetoric and cultural orientation between China and the United States as manifested in the respective mainstream media during the time of COVID-19. The Chinese media highlights praise and positive reporting while the American media concentrates on criticism and negative reporting. There is, however, a clear distinction between Chinese official discourse and private discourse in Chinese media, while the two types of discourse in the American media are much closer. Moreover, the language used in Chinese media is relatively more high-context, where the language used in American media is comparatively low-context. Differences in persuasive appeals are also identified—the American media, for example, emphasizes heavily on inductive reasoning while the Chinese media focuses more on moral and emotional appeals. During the pandemic, Chinese people have exhibited tremendous collectivistic energy. Consequently the spread of COVID-19 is effectively under control. But in the United States, the pandemic is not well-controlled due to the strong individualistic orientation of its culture and people. This pandemic has posed various challenges that call for the recognition of the significant role in humanity studies.

Keywords rhetoric, intercultural communication, COVID-19, comparison between China and the United States, humanity

一、新冠疫情期间中美话语修辞比较分析的理论背景

自从新冠病毒在全球蔓延以来,各界人士对疫情的分析和讨论主要集中在医学、心理、经济和政治方面,很少有学者从人文科学,尤其是修辞和跨文化传播的角度对这场疫情进行深入的反思和探讨。“修辞”一词在《周易》里就出现过。“修辞立其诚,所以居业也”(《乾·文言》)指通过文辞的表达和传播将治国原则和规范注入民心,教化人们诚信的品格。孟子也曾强调过“诚如是也,民贵之”(《孟子·梁惠王上》)。但现代意义上的修辞在汉语里主要是指文体的修饰和语言使用的技巧,比如比喻、拟人、排比和夸张等。“修辞”的现代含义是从日语转译过来的。根据 Hui Wu 的研究,中日甲午战争以后,清朝政府向日本派出了公费留学生。留学生中的汤振常和龙伯纯从他们的日本老师那里学到了西方修辞学。他们的日本老师把英文里的“rhetoric”翻译成汉字的“修辞”。① 在日语里,这个翻译仅包括文体的修饰,却漏掉了“rhetoric”在西方理论和实践中辩论和说服的重要组成部分。正如刘亚猛教授所说,“在当代美国话语中流通的‘rhetoric’一词与当代中国话语中流通的‘修辞’一词所代表的是大不相同的两个概念和两种实践,将两者

① WU H. Lost and found in translation: modern conceptualization of Chinese rhetoric[J]. Rhetoric review, 2009(28):148-166.

等同起来是一种误解和误译”[①]。这种误解和误译在很大程度上限制了国人对这一学科的认识，限制了与西方的有效沟通和交流。因为当这门学科被归为语言艺术的范畴时，研究目的仅限于对文学作品的赏析，增强言辞的修饰或文句效果。而在西方，“rhetoric”包括语言使用的社会意义和政治影响，也常和话语、演讲、词语交叉使用。“rhetoric”可以简单定义为用语言和其他象征符号说服和影响他人的认知、思维、态度和行为的一门人文学科。亚里士多德（Aristotle）把这门学科定义为“一种能在任何一个问题上找出可能的说服方式的能力”[②][... an ability, in each (particular) case, to see the available means of persuasion][③]。本文暂且使用在中国已经约定俗成的“修辞学”，但其目的不是分析语言的艺术特征，而是集中在说辩的含义以及在不同文化里话语使用的特点及对思维和行为产生的作用。

西方的修辞学自古希腊起就与伦理学、政治学、哲学和逻辑学紧密相连。Rhetoric同时也是古希腊民主和法治的产物。因为古希腊的民主制度给每一个公民参政的权利和演讲的机会来表达他们的意见。这样演讲和说服能力就成为每个公民极为重要的潜质。当时的智者们（sophists）来到雅典传授演讲的技巧和表达能力。著名的希腊智者伊索克拉底（Isocrates，公元前436—公元前338）还在雅典办了一所修辞演讲学校，培养了许多著名的演说家。

在人类历史上，修辞学与哲学、神学一直紧密相连。在西方，从古希腊到18世纪的哲学家很多都信奉天主教或基督教，他们中有很多又同时是修

① 刘亚猛. 追求象征的力量：关于西方修辞思想的思考[M]. 北京：生活·读书·新知三联书店，2004：3.

② 亚里士多德. 修辞学[M]. 罗念生，译. 上海：上海人民出版社，2005：23

③ ARISTOTLE. On rhetoric[M]. KENNEDY G A，Trans. New York: Oxford University Press，1991：36.

辞学家。古希腊柏拉图之前的大部分哲学家同时也是科学家。亚里士多德是希腊哲学、神学、科学和修辞学的集大成者,著有《修辞学》(*Rhetoric*)一书。古希腊著名哲学家苏格拉底(Socrates)就提出过灵魂永生,人死后善者升天、恶者入狱的说法。[①] 柏拉图(Plato)的两本修辞学著作《高尔吉亚》(*Gorgias*)、《斐德罗篇》(*Phaedrus*)和亚里士多德的《修辞学》从古至今都被奉为西方修辞学的必读经典。中世纪的两大著名神学家兼神父圣奥古斯丁(St. Augustine)和圣阿奎那(St. Aquinas)都是杰出的哲学家和修辞学家。圣奥古斯丁的名著《论基督教教义》(*De Doctrina Christiana*)对修辞学和符号学做了详细的论述,强调了神职人员必须掌握这两门学问的重要性。圣奥古斯丁认为,具有杰出口才和崇高德行的神职人员能说服更多人皈依基督教并使教义得到广泛传播。圣阿奎那发展了亚里士多德的伦理学和逻辑学,认为修辞学是关于寻求真理和以理性为中心的学问。那些不具有理性思维能力,被情感束缚和有顽固不良习惯的人是不会轻易被神父的演讲所打动的。[②] 西方的传统教育从古希腊到文艺复兴一直把修辞学作为学校人文学科的主要课程之一。

中国的春秋战国时期(公元前770—公元前221),百家争鸣、七国争雄,有许多关于士人游说君王的记载。他们是一批活跃的辩士和游说家。他们周游列国,四处游说,在各国之间斡旋,为国王提供信息、执政要领、谋略和兵法。较有名的有纵横家苏秦、张仪和公孙衍,也包括儒家、墨家和法家各自的代表人物孔子、孟子、墨子、荀子、韩非子等。他们既是哲学家,也是说辩实践家。中国的古典作品,如《尚书》《左传》《国语》《战国策》《史记》中有

① 罗素. 西方哲学史(下卷)[M]. 马元德,译. 北京:商务印书馆,1997:188.

② SMITH C R. Rhetoric & human consciousness: a history[M]. Prospect Heights, IL: Waveland Press, 2003:182.

很多关于说辩事例的记载。但中国传统的说辩实践主要局限于宫廷内帝王和大臣之间的说服活动。这个时期的主要修辞思想和实践与古希腊主要学者仍有很多相似之处。Xing Lu 对两个不同的修辞传统曾做过详细的比较。①

跨文化传播(Intercultural Communication)在美国的发起人是人类学家爱德华·霍尔(Edward Hall)。从 20 世纪 50 年代开始,很多美国人在海外大使馆工作、服役或者从事与商业有关的工作。同时,大批国际学生也来到美国大学留学。霍尔当时在"外国服务学校"工作,他和他的助手们给学员们办了多期训练班,帮助他们了解所在国的文化和沟通习惯,培训美国人与外国人交流的技能。这期间,霍尔出版了两本书——《无声的语言》(*The Silent Language*)和《隐藏的维度》(*The Hidden Dimension*)。20 世纪七八十年代,随着大量移民涌入美国和国际商业交流的加深,跨文化传播成为一门备受重视的人文学科。学者们采用人类学的田野调查或是社会科学的定量研究方法来做跨文化传播的比较研究。当时,比较多的学术论文是研究日本和美国文化习惯差异的。这个时期,很多跨文化传播理论也相继出现。应用最广泛的理论是集体主义和个人主义的区分理论。虽然这个理论产生于西方,却被认作是区分文化的普适标准。② 集体主义被定义为将群体利益和目的置于个人之上,而个人主义则是把个人利益和目的放在群体之上。西方学者们一致的结论是中国文化是集体主义的,而美国文化是个人主义

---

① LU X. Rhetoric in ancient China, fifth to third century B.C.E.: a comparison with classical Greek rhetoric[M]. Columbia, SC: The University of South Carolina Press, 1998: 288-310.

② HOFSTEDE G H. Culture's consequences: comparing values, behaviors, institutions, and organizations across nation[M]. Thousand Oaks, CA: Sage, 2001:255.

的。这两种不同的文化倾向直接影响人们的沟通方式。① 从 20 世纪 90 年代起,这种两极思维和简单的结论在跨文化传播的领域里受到挑战。有些批评学和修辞学学者开始关注历史、权力、话语和文化认同对不同文化和沟通行为的影响,使用批评学和修辞学的方法研究媒体在不同的文化情景中对人们认知和行为的影响。研究内容包括文本分析和其他象征符号所表达的意义和产生的作用。②

在本文中,笔者将采用修辞学和跨文化传播学的理论,从中西不同文化传统的角度来分析新冠疫情期间中美的话语修辞区别,然后再分析集体主义和个人主义的文化倾向在两国控制疫情期间的作用,最后谈一下人文科学对应对疫情的重要性。笔者采用的话语例子来自中美两国的主流媒体。中国方面的主要是中央电视台、《人民日报》(海外版)、人民网、新华网、中新网和其他官方网站;美国方面的主要是《纽约时报》、美国公共广播电视台、CBS、NBC、CNN 和 ABC。

---

① MICHAEL B H, et al. How are responses to verbal insult related to cultural collectivism and power distance? [J]. Journal of cross-cultural psychology, 1985 (16): 111-127; GUDYKUNST B W, KIM Y Y.Communication with strangers, 4th ed[M]. New York: McGraw-Hill, 2003:51-90.

② HASIAN J, MAROUF A. Intercultural histories and mass-mediated identities: the re-imagining of the Arab-Israeli conflict [M]//MARTIN J N , NAKAYAMA T K, FLORES L A. Readings in cultural context. Mountain View, CA: Mayfield Publishing Company, 1997:97-103; LU X. An interface between individualistic and collectivistic orientations in Chinese cultural values and social relations [J]. The howard journal of communications, 1998 (9): 91-107; YIN J. Popular culture and public imaginary: Disney vs. Chinese stories of Mulan[M]//ASANTE M K, MIIKE Y, YIN J. The global intercultural communication reader. New York: Routledge, 2014:285-304.

二、中美文化传统在疫情传播中的修辞呈现

2019 年年底和 2020 年年初，武汉市出现了一些不明原因的病毒性肺炎病例。武汉市卫建委从 1 月 6 日到 17 日发布几次通报，声称没有发现明确的人传人征兆。中国国家卫生健康委员会也在通告中表示“当前的疫情可防可控”。1 月 9 日，中国评估专家组组长徐建国在接受新华社采访时初步判断这个不明原因的病毒为新冠病毒。1 月 20 日，中国呼吸病学专家、工程院院士钟南山在接受中央电视台采访时表示，新冠肺炎“可能人传人”。1 月 23 日，武汉宣布封城。但此时正值春节到来之际，已有约 500 万人离开武汉去往全国和世界各地探亲旅游。根据 2020 年 6 月 2 日世界卫生组织提供的数据，全球已有 6,194,533 例新冠病毒感染者，累计死亡人数为 376,320 人。[①] 在疫情期间，中国主流媒体的话语偏向于颂扬和赞美，而美国的主流媒体偏向于批评和指责。下面我们将分析其原因，并列举一些实例做比较。

中国官方话语里的赞美传统要追溯到《诗经》里的修辞特点。《诗经》产生于公元前 12 世纪，相传由孔子整理成书，被视为五经（《诗经》《尚书》《礼记》《周易》《春秋》）之首。《诗经》由三个部分组成，分别为“风”“雅”“颂”。“风”指国风；“雅”包括大雅和小雅；“颂”主要指周颂，也有少部分是鲁颂和商颂。《诗经》里的主要内容是劳动、爱情、战争、祭祖和礼乐。诗文里的主要修辞特点是“美”“刺”“谏”，也就是颂扬、讽刺和劝谏。如歌颂周文王、周武王的美德时，称君王“皇恩浩荡，万寿无疆”（《蓼萧》）。有的诗句是对昏

① World Health Organization Coronavirus disease (COVID-19), situation report - 127 [EB/OL].(2020-06-02)[2020-06-04]. https://www.who.int/docs/default-source/coronaviruse/situation-reports/20200526-covid-19-sitrep-127.pdf? sfvrsn=7b6655ab_8.

君、贵族奢靡生活的讥讽,如《硕鼠》《相鼠》里用比喻来描写统治者对劳动人民的残酷剥削。也有士大夫或臣子给君王的谏言,如《板》和《角弓》里士大夫对周厉王的劝谏。

《诗经》里的“美”“刺”“谏”三个修辞特点一直贯穿在中国的历史长河中。历代君王皇帝都被颂扬,英雄得到赞美。大臣们在宫廷里唇枪舌剑,争抢着为君王献计献策。韩非在《韩非子》里曾著有《难言》《说难》《问辩》等篇章,论述臣子进谏君王的策略和君王对臣子劝谏动机的判断。比如《战国策》里记载的《触龙说赵太后》、《史记》里记载的李斯给秦王嬴政写的《谏逐客书》都是劝谏的例子。讽刺批评时政和暴政的例子经常是以寓言的形式隐喻的,如《庄子》、唐代柳宗元的《三戒》和元末明初刘基撰写的《郁寓子》。

在这场疫情中,中国的主流媒体的报道中颂扬和赞美的修辞特点比较明显。比如在主流媒体上常见的标题是:“国家有力量,战‘疫’有底气”①;“打赢疫情阻击战 习近平这些话语定军心安民心”②;“新冠肺炎疫情防控是中国制度优势的最好印证”③;“火神山医院正式交付:中国力量‘激荡人心’‘中国速度’惊艳世界”④。钟南山被数家媒体称为“民族的脊梁”、疫情中的“定海神针”。⑤ 医护人员被赞美为“真正的英雄”和无私奉献的“白衣天

---

① 潘涛旭. 国家有力量,战“疫”有底气[N/OL]. 人民日报(海外版).(2020-02-05)[2020-06-04].http://paper.people.com.cn/rmrbhwb/html/2020-02/05/content_1969525.htm.

② 谢倩,乔业琼. 打赢疫情阻击战 习近平这些话语定军心安民心[EB/OL]. (2020-01-31)[2020-06-04]. http://cpc.people.com.cn/n1/2020/0131/c164113-31565824.html? from=singlemessage.

③ 王宏泽. 新冠肺炎疫情防控是中国制度优势的最好印证[EB/OL]. (2020-03-04)[2020-06-04]. https://difang.gmw.cn/2020-03/04/content_33619012.htm.

④ 张砥. 火神山医院正式交付:中国力量“激荡人心”“中国速度”惊艳世界[EB/OL]. (2020-02-02)[2020-06-04].https://www.takefoto.cn/viewnews-2032589.html.

⑤ 钟南山:疫情中的“定海神针”[EB/OL]. (2020-03-18)[2020-06-04].http://www.chinatoday.com.cn/zw2018/bktg/202003/t20200318_800197584.html.

使”。人民日报社湖北分社采编中心主任田豆豆主笔撰写了长篇通讯《致敬！逆行的“白衣战士”!》,2月2日在《人民日报》头版发表。2月25日,她又参与采写长篇通讯《英雄的武汉 英雄的人民》,在《人民日报》头版头条发表。

对比美国,我们可以注意到他们的主流媒体对总统、政府机构的批评指责较多,对医护人员负面情绪的报道较多。比如美国的电视及报刊从2020年3月疫情在美国爆发以来不断地批评特朗普总统和白宫政府部门对疫情没有足够的重视,没有及早做好应对准备,从而导致试剂准备不足。美国媒体还批评美国联邦政府的疾病控制中心(Center for Disease Control)的测试结果出来得太慢,程序太复杂。此外,几家主流媒体如NBC、CBS、ABC和CNN从2020年3月疫情在美国爆发以来连续不断地报道医护人员的防护用品配备不够,很多医护人员没有N95口罩,防护服不符合标准。这几家电视台在2020年4月的新闻节目里还重点批评特朗普总统讲话信口开河、不兑现诺言、不负责任,指责总统讲话没有事实根据。《纽约时报》在5月4日撰文,特朗普不顾专家的反对意见,向美国人推荐使用治疗疟疾病毒的药物来预防和治疗新冠病毒。[①] 5月18日,《纽约时报》又刊登了特朗普宣布自己正在服用这个药的消息。[②] 实际上,科学实验证明此药对新冠病毒是没有治疗和预防效果的,甚至是危险的。美国各大主流媒体都对特朗普推荐的向

① MICHAEL C, KATIE T, HABERMAN M. Ignoring expert opinion, Trump again promotes use of Hydroxychloroquine[N/OL]. New York Times (online version). (2020-04-05)[2020-06-04]. https://www. nytimes. com/2020/04/05/us/politics/trump-hydroxychloroquine-coronavirus.amp.html.

② KARNI A, THMOAS K. Trump says he's taking Hydroxychloroquine, prompting warning from health experts[N/OL]. New York Times (online version).(2020-05-18)[2020-06-04]. https://www. nytimes. com/2020/05/18/us/politics/trump-hydroxychloroquine-covid-coronavirus.amp.html.

体内注射消毒剂的治疗方法给予尖刻的批评和嘲弄。[①] 美国媒体对福奇医生(Dr. Anthony Fauci,美国国立卫生研究院过敏和传染病研究所主任,美国疾控中心专家),虽然也很尊重和信任,但也没有什么赞美之词。有些要求复工的抗议者还喊出把他从白宫的新冠病毒工作组开除出去的口号。

美国主流媒体除了报道医护人员的辛苦,称赞他们是英雄以外,更多地报道他们的经历和感受。被媒体采访的很多医护人员表示他们非常恐惧、焦虑、悲伤和有压力。他们对不能把所有的病人从死亡线上拉回来而愧疚。他们的面部表情也显得很劳累、忧郁,甚至无助。有一位急诊医生还因此自杀。美国公共广播电视台(PBS)4 月 24 日采访了一位在纽约某医院 ICU 工作的男护士。这位护士对记者说道:"别叫我英雄。我不是英雄。我才 24 岁。我怕死。我还想娶妻生子,活到老。我看到太多的死人。我们的防护服就是一层薄薄的塑料布。我每天都有被感染的危险。他们说我勇敢,其实我很软弱,我无法挽回生命。我很惭愧。这是为什么我不是英雄。我想告诉人们我们的国家让我们经历了挫败感,美国的医疗体制存在着严重的问题。"在 4 月 12 日的 CBS《60 分钟》节目的采访中,一位护士对防护服的短缺表示焦虑,她带头组织了一次抗议活动。另一位 ICU 的医生用"It's a hell(人间炼狱)"来描述他急诊室里的场面。当一位被采访的护士被问到人们叫你"超级英雄"时你是怎么想的时候,她回答说:"我很骄傲,但这种标签把护士的标准抬得太高了,我做不到。我只是做我的本职工作而已。"电视里有医护人员互相鼓励和给治好的病人鼓掌送行的镜头,但也有很多镜头

---

① FLEGEHEIMER Matt. Trump's disinfectant remark raises a question about the"very stable genius"[N/OL]. New York Times (online version).(2020-04-26)[2020-06-04]. https://www.nytimes.com/2020/04/26/us/politics/trump-disinfectant-coronavirus.amp.html.

展示他们的沮丧和无奈。

其实，在公元前 8 世纪古希腊诞生的两部著名的荷马史诗——《伊利亚特》(*Iliad*) 和《奥德赛》(*Odyssey*)中也充满了对英雄的歌颂。不同的是，从古希腊时起，西方就存在怀疑学派（Skepticism）。古希腊哲学家皮浪(Pyrrho，公元前 360—公元前 270)是怀疑学派的创始人。怀疑学派对任何知识、理论或真理都存有戒心。古希腊时期的智者们，如高尔吉亚(Gorgias，公元前 483—公元前 375)的不可知论和普罗泰戈拉（Protagoras，公元前 481—公元前 411）的名言“人是万物的尺度”也体现了怀疑主义原则。[①] 古希腊之后的许多哲学家、神学家和科学家都对他们前辈的知识和结论提出过质疑和批评。即使在中世纪将近一千年的时间里(400—1400)，天主教和基督教教宗的权威和统治地位是不容置疑的，但是哲学家和修辞学家们还是在辩论上帝是否存在，以什么形式存在的问题。在马丁·路德（1483—1546）发起宗教改革(Protestant Reformation，1517)以后的文艺复兴(14—15 世纪)和启蒙运动(17—18 世纪）期间，西方又出现了很多批评和挑战神权的思想家和哲学家。他们对前人的哲学、伦理学和逻辑学理论保持怀疑态度，不轻信盲从。在探讨真理和知识的习得上独树一帜。比如斯宾诺莎(Baruch Spinoza，1632—1677)对《圣经》提出了批判，认为“思想自由是社会存在之本”[②]。他也“不认为民主(制)就是最好的制度”[③]。莱布尼茨(Gottfried Wilhelm Leibniz，1646—1716)试图用逻辑推理证明上帝的存在，坚信理性是形而上学的基础。休谟(David Hume，1711—1776)则否定了逻辑思维是唯一认识世界的渠道，对纯理性提出质疑，强调知识和真理可以来自人的观察和自身体验。他说过，“在一切生活实践中，我们仍应当保持我们

---

① 汪子嵩，范明生，陈村福，等. 希腊哲学史(第二卷)[M]. 北京：人民出版社，1993:282.

②③ 罗素. 西方的智慧[M]. 崔人元，译. 北京：世界知识出版社，2007:238.

的怀疑主义”[①]。休谟是个典型的怀疑论者。他论证事物的因果关系并不一定是有必然联系的,还认为“我们对于任何事物的判断都不具有任何程度的真理或谬误”[②]。我们应该不断思索,不轻易对任何观点做出判断,也不会永远忠实于一种见解。17世纪在西方产生的自由主义鼓励个性发展,要求政府实行分权制,推行政教分离,保障民主和平等。民主体制建立后允许言论自由,允许媒体监督和批评政府,使舆论保持多元性。可以说,这种挑战权威的文化风气使西方文明从以基督教信仰为中心逐渐转移到以崇尚科学为中心。在认识论方面,发生了把以理性为知识的来源拓展到也将感觉经验作为来源的转变。

中美两种文化传统和修辞特点在疫情面前各有利弊。中国主流媒体的话语突出政府领导有方、体制优越和传播正能量,从而使全国上下众志成城、团结一致。这种过于偏向正面报道的修辞呈现方式与中国从古至今对权威的赞美文化习惯有关,但确实能够激发民族自豪感和凝聚力。相比之下,美国主流媒体则聚焦疫情如何发生、政府有哪些失误、怎样部署抗疫的战略、如何追查责任以及对医护人员恐惧心理的描述。美国方面太多的负面报道也确实让人感到沮丧。由此可见,中美两国主流媒体的话语和修辞方式截然不同。除了体制因素以外,这些不同也反映了两种不同的文化观念和传统。

三、中美疫情报道修辞差异:话语、语境、说服手段

中国和美国的主流媒体在疫情期间的话语使用和说服力方面还有一些

① 罗素.西方的智慧[M].崔人元,译.北京:世界知识出版社,2007:210.

② 罗素.西方的智慧[M].崔人元,译.北京:世界知识出版社,2007:273.

其他的区别。第一,美国的公共话语和私人话语显得更加接近,中国这两种话语的差别较大。在美国主流媒体上,不管是哪一级的领导,疾控中心主任、防疫科学家、卫生局局长、州长和市长等的公共话语除了汇报疫情的发展和预测外,比较简单直接,不断重复地告诉美国人"stay at home, wash your hands, cover your mouth when coughing or sneezing, social distancing"(待在家里、勤洗手、咳嗽和打喷嚏时用手肘护住嘴鼻,保持社交距离)。美国老百姓的私人话语也基本是用这些简单、直接的语言提醒自己,嘱咐家人和朋友。自疫情在美国爆发后,美国的 CNN 每周四晚上播出《政厅对话》(*Townhalls*)。NBC 电视台每晚播出《对儿童的新冠病毒问答》节目。在这些节目里,美国民众可以通过网络直接向医生和传染病专家们提问。白宫抗新冠病毒工作组每天举行记者招待会,回答记者们的各种问题,并向美国人民现场直播。他们之间的对话也都十分直白和口语化。在中国,主流媒体的话语比较正式和官方。比如,"众志成城,中国必胜!"[①]"在抗疫战场上书写爱国奋斗新篇章"[②]。民众之间的私人话语,如同朋友家人的讲话会比较直白和口语化。如"非常时期,多多保重""出门一定要戴口罩"等。有一些私人话语或口头禅被用做街头、村头的标语或顺口溜。比如,"今天到处乱跑,明天坟上长草""带病回村,不肖子孙""戴口罩还是上呼吸机,二者你选一""出来聚会的都是无耻之辈,出来打麻将的都是亡命之徒"。

第二,中美两国主流媒体在抗击疫情中的语境也有很大区别。爱德华·霍尔最早提出高语境文化(high-context culture)和低语境文化(low-context

---

① 王丹蕾. 众志成城 中国必胜[EB/OL].(2020-02-04)[2020-06-04]. http://news.cnr.cn/native/gd/20200204/t20200204_524959854.shtml.

② 孙忠法. 在抗疫战场上书写爱国奋斗新篇章[EB/OL].(2020-02-05)[2020-06-04]. http://cpc.people.com.cn/n1/2020/0225/c431601-31603433.html.

culture)的概念和区别。在高语境文化中,人们在语言使用时确认或猜测与对方有共享的认同、知识、经历和背景。与其相反,在低语境文化里,人们则确认或假设与对方有很少或没有共享的背景。因为共享相同的背景,高语境文化的话语会相对抽象和模糊,有时会使用比较隐晦或比喻的说法。说话的人期待对方能够很快理解和认同。在低语境文化中,受众对说话的人没有这个期待。因为怕说得不够全面和清楚,说话人会使用更具体和直接的修辞方式。[①] 中国文化和中国人的沟通方式属于高语境文化,能猜出说话人的意图是一种沟通能力。美国文化和美国人的沟通方式相对偏向低语境文化,说话的人承担更多把话说得清楚和具体的责任。在疫情中,美国主流媒体中常用的低语境例子有:"flatten the curve"(压平曲线),"social distancing"(保持社交距离),"hunker down"(宅家里,不出门),"stay at home, save lives"(待在家里,拯救生命)。在许多镜头中,美国医护人员在医院里举的标语是"We stay here for you. You stay home for us"(我们在医院为你守护,你们在家里为我们待着)。相比之下,中国医护人员在一些电视镜头里举的标语是"众志成城,我们必胜"。中国媒体和民众用得最多的口号是"武汉加油""中国加油"。

第三,中美两国主流媒体合用了不同的说服手段。亚里士多德在他的《修辞学》里论述了使用语言说服受众的三要素:伦理诉求(ethos)、情感诉求(pathos)、逻辑诉求(logos)。伦理诉求是指演说者用道德观念和人格魅力打动听众。情感诉求是指演说者使用情感化的语言(如怜悯、忧愁、悲伤或仇恨)来激发受众的心理反应以达到说服的目的。逻辑诉求是指演说者使

---

① HALL E. Context and meaning[M]//SAMOVAR L A, PORER R E. Intercultural communication: a reader (8th ed.). Belmont, CA: Wadsworth Publishing Company, 1996: 45-54.

用演绎逻辑或归纳逻辑的推理方式来说服对方。亚里士多德认为这三种诉求的完美结合才能达到最佳说服效果。根据笔者的观察，中国媒体在疫情中使用的语言偏向高度道德化和情感化。比如，“人民至上！生命至上！疫情防控，我们不惜一切代价”[①]“中国的行动让世界更安全”[②]，类似的话语是比较典型的道德伦理诉求。情感诉求的例子是央视在 2020 年 4 月 17 日播放的一个题为《勇敢的你》的节目。节目讲述了火神山医院的护士们怎样抢救和安慰病人，并描述他们只为病人着想，不考虑自己会不会被传染。他们 4 个小时一换班，但很多护士要求再加班 1—2 小时。镜头里，护士们展露微笑，偶尔跳舞并互相鼓励。这个节目使无数人感动落泪，就如“动之以情，晓之以理”所讲的以情感打动人，用道理使人明白。

相比之下，美国的主流话语在疫情期间更多地使用归纳逻辑推理。归纳逻辑是指经过推理得出的结论要以数据和实例为依据。大多数美国人认为让数据决定什么时候复工似乎更科学。福奇医生的“Let the virus determine the timeline”意即美国什么时候复工要让感染和死亡数据来决定。对死亡人数的预计和复工的三个阶段也都是根据数据和模型的分析总结出来的。当有些政客被问到他们会怎样处理疫情时，他们会说“尊重科学，听专家的”(Follow the science, listen to the experts)。在辉瑞公司(Pfizer)的一个广告节目里，科学家们举的牌子上面写着“Science Will Win”(科学会赢)。但是，在现实中，不是所有的美国人都相信科学和具有理性的。在美国众多的州实行“宅家令”以后，很多人面临失业和基本生活无法保障的问题。有些人游行抗议隔离，要求复工，到 2020 年 5 月 20 日为止，美国 50 个州已经

---

① 张瑜，王舒瑶. 人民至上！生命至上！疫情防控，我们不惜一切代价[EB/OL].(2020-05-26)[2020-06-04]. http://www.chinanews.com/gn/2020/05-26/9195334.shtml.

② 李林，康朴. 中国的行动让世界更安全[EB/OL].(2020-02-20)[2020-06-04]. http://paper.people.com.cn/rmrbhwb/html/2020-02/20/content_1972078.htm.

开始复工或部分复工。因为疫情并没有得到完全控制,有些州的感染人数和死亡人数仍然在上升。过早复工会导致更多人感染病毒,提升再次宅家的可能性。平衡生命与生存,找出适中的解决方案对领导者和民众来说都是严峻的考验。美国总统特朗普经常无视医生和流行病专家的研究和忠告,随便向美国人推荐无科学根据的药品和预防方法。他在记者招待会上说他相信"常识"(common sense)和自己的"直觉"(hunch)。他执意不戴口罩,其言论经常和专家们的建议背道而驰。受特朗普的影响,有些美国人也不戴口罩,违反保持社交距离的规定,不相信专家和权威,将这场疫情情绪化和政治化。由于美国对疫情的控制领导不利,截至 2020 年 9 月 23 日,美国因新冠病毒致死的人数已经超过了 20 万,是全球死亡率最高的国家(美国人口占世界人口的 4.25%,而新冠死亡人数占世界的 20%)。

四、集体主义与个人主义:价值观在疫情报道中的影响比较

儒家传统的"修身齐家治国平天下"是以民族为中心的小集体,并不是以现代意义上的国家为主导的集体主义。[①] 但是,儒家要求君子有治国平天下的胸怀。中国近代的知识分子,如梁启超、林语堂、陈独秀和傅斯年都认为普通中国人只顾自己的家庭和族群,他们没有公民意识和博爱意识。孙中山称中国人是"一盘散沙",梁启超首次把"民族"一词从日本引入介绍给中国人。[②] 之后,梁启超又在他的许多文章里使用了"新民"和"公德"这样的

---

① 李泽厚. 中国古代思想史论[M]. 北京:人民出版社,1986:8-15.

② ZHAO S. A nation-state by construction: dynamics of modern Chinese nationalism[M]. Stanford, CA: Stanford University Press,2004:45; HUGHES R C. Interpreting nationalist texts: a post-structuralist approach[J]. Journal of contemporary China. 2005 (14): 247-267.

词汇，中国人民才逐渐有了公民的意识。[①] 中国人的民族主义意识是在清朝灭亡、建立共和后逐步形成的。而集体主义观念是在 1949 年以后，公有制经济确立后才进一步得到加强的。民族主义观念又强化了集体主义意识，中国人从小接受的爱国主义教育都是“先有国才有家”，集体利益高于个人利益。在抗击疫情期间，中国人民，尤其是医护人员、志愿者都表现出极大的为国牺牲精神。国家从全国各地选派了 4.2 万名医疗人员驰援湖北，我们在各种媒体中常常听到或看到“一方有难，八方支援”“国难当头，匹夫有责”“抛小家为大家”“在家隔离也是为国家做贡献”等话语。很多媒体文章的标题，如“这次疫情让我感受到了祖国的伟大，人民的团结！”[②]“最伟大的力量是同心协力”[③]“全国一盘棋，强大行动力”[④]都表现出集体主义的文化特征。

与中国的集体主义相比，西方的个人主义始于马丁·路德领导的宗教改革，经过了较长的发展阶段。西方出现活字印刷术后，无数人用自己的理解诠释《圣经》。人们从教会的权威中解放出来，摆脱了精神枷锁，个人主义倾向逐渐形成。中世纪黑暗时代过后的文艺复兴运动又激励了个人在艺术上的创作和表达。近代个人主义的发展表现为笛卡尔（Rene Descartes）的“我思，故我在”（I think, therefore I am），接下来的启蒙运动鼓励理性、崇尚科学，承认个人经验。17 世纪自由主义的兴起更加鼓励对个人意志（free will）的尊重。对美国个人主义有较大影响的有洛克（John Locke），他的著

---

① 梁漱溟. 中国文化要义[M]. 香港：三联书店，1987：64.

② 崔雪，史薇薇. “这次疫情让我感受到了祖国的伟大，人民的团结！”——抗疫期间一名小学生停课不停学记事[EB/OL]. (2020-03-04)[2020-06-04]. http://share.gmw.cn/edu/2020-03/04/content_33618383.htm.

③ 杨子岩. 最伟大的力量是同心合力[EB/OL]. (2020-02-17)[2020-06-04]. http://paper.people.com.cn/rmrbhwb/html/2020-02/17/content_1971278.htm.

④ 宋光茂. 全国一盘棋 强大行动力[EB/OL]. (2020-02-07)[2020-06-04]. http://paper.people.com.cn/rmrbhwb/html/2020-02/07/content_1969797.htm.

名理论是“人生下来时是一块白板”(Men are born with the blank slate),没有先知先觉,没有记忆和意识;人的认知是从自身的经验里得来的;人生来是平等的;人生来就有自由的权利。洛克的思想激励和影响了富兰克林(Benjamin Franklin)以及美国第三任总统杰斐逊(Thomas Jefferson)。两人都是美国的开国元勋,也都是《独立宣言》的起草人。《独立宣言》首次提出“人皆生而平等”(All men are created equal)。富兰克林的名言“天助自助者”(God helps those who help themselves)明显地鼓励个人意志和个人能力。美国从 19 世纪就流行的一句谚语“靠自己的努力获得成功”(Pull yourself up by your own bootstraps)充分体现了“社会达尔文主义”的物竞天择、适者生存的理念。同时,亚当·斯密认为人们在消费上的选择被个人利益驱使,市场要满足消费者的需要,这种需求关系会推动市场经济的发展。所以美国个人主义的特点是独立、自立、自我实现,尊重个人选择、个人隐私、个人观点、个人创造力和自主权。对有些美国人来说,隔离、戴口罩都是对个人自由的限制,所以“宅家令”并不能彻底执行,因为自由对他们来说更重要。企图通过手机软件追踪新冠感染者接触的人也被认为是侵犯隐私。比如,美国的开市客(Costco)店里规定购物者必须戴口罩,一位顾客在美国的一家开市客店里买东西时没戴口罩,店里的经理提醒他戴口罩,他却粗鲁地回答:“我有权利不戴口罩。这不是戴不戴口罩的问题,这是要控制我。”(I got every right to not wear a mask. This isn't about wearing a mask, it's about control.)[①]另外,美国的个人主义还表现在新闻报道的个性化上。美国主流电视经常报道普通人的死亡,报道他们的生平以及给普通家庭带来的

---

① LANGLOIS S. “I woke up in a free country” — Costco shopper gets bounced from store after refusing to wear a mask[N/OL].Market Watch,2020-05-19[2020-06-04]. https://www.marketwatch.com/story/i-woke-up-in-a-free-country-costco-shopper-gets-bounced-from-store-after-refusing-to-wear-a-mask-2020-05-19.

痛苦。《纽约时报》电子版在2020年5月4日的一篇文章中登载了137位医护人员的照片,点开照片就是这个人的故事和他/她在这次疫情中的经历和感受。另一位《纽约时报》的记者同日发表文章报道在医院里工作的后勤人员的状况。这些后勤人员大多是黑人、低收入者且没有防护服。他们中有9人死亡。文章刊登了每个人的照片和他们的故事。记者为弱者发声,给逝者尊严。《纽约时报》又在5月24日头版用整个版面刊登了1000名死于新冠病毒的人的姓名、年龄、职业、生前爱好和业绩,而这1000人仅占美国目前为止(截至2020年6月2日)新冠病毒致死人数的1%。

集体主义和个人主义并不一定是两个极端,两种文化倾向其实是交融互补且不断变化的。美国在很多方面也表现出集体主义特点。比如Food Bank、Soup Kitchen在疫情中免费为穷人提供食品;很多人把政府发的救济金直接送给了生活上更需要的人。中国则从全国调配4万多名医护人员支援湖北。

五、结　论

根据以上对中美两国主流媒体在抗击新冠病毒中的话语分析和比较,笔者进行了如下反思,以作结语。

第一,语言和修辞对思维和行为有很大的影响作用。历史上,纳粹语言和"文革"语言都是以语言暴力导致行为暴力的典型例子。在3月中旬的疫情中,特朗普总统在电视上多次公开把新冠病毒称为"中国病毒",这一说法加剧了美国社会对亚裔的歧视和言行暴力。根据亚裔计划、政策组织和中国人平权组织(Asian Pacific for Planning and Policy and Chinese for Affirmative Action)的调查,特朗普使用了"中国病毒"以后几周内,美国的32

个州发生了1000多起歧视亚裔和针对亚裔的暴力事件。有些人故意冲着亚裔咳嗽、打喷嚏,甚至在公共场合和社交媒体上辱骂他们。3月4日,得克萨斯州一名缅甸裔父亲带着两个孩子外出时,竟然无故被人刺了数刀。行凶者说,他以为这家人是中国人,是他们把新冠病毒带到美国的。[①] 3月27日ABC新闻报道,"联邦调查局警告在新冠病毒期间仇恨亚裔的犯罪率在上升,批评家们说是因为恶意的言辞所致"[②]。为了"甩锅"的需要,特朗普最近又加剧了对中国的攻击。5月20日,他在推特上说中国在抗疫方面"无能"(incompetence of China)。[③] 特朗普的修辞是为了故意激起世界对中国的仇视。如此言论也将在美国导致更多攻击亚裔的言行。掌握修辞学的知识能帮助我们对语言的使用保持警惕,使我们具有自我意识、反思能力和批判精神,敢于质疑极端和不公正的言行。恰当有效的口才和文笔能帮助我们发挥想象力,培养理性思维、思辨能力和表达能力。

第二,在疫情期间,我们应该多体现人文关怀,同情和善待他人。马克·吐温曾说过"让自己高兴起来的最好办法就是设法让别人高兴起来"

---

① JEUNG K,CHOI. Trump's racist comments are fueling hate crimes against Asian Americans. Time for state leaders to step in[N/OL]. Los Angeles Times,2020-04-01[2020-06-04]. https://www.latimes.com/opinion/story/2020-04-01/coronavirus-anti-asian-discrimination-threats?_amp=true.

② MARGOLIN J. FBI warns of potential surge in hate crimes against Asian Americansamid coronavirus Critics say rhetoric has fueled ill will[N/OL]. ABC News,2020-03-27[2020-06-04]. https://abcnews.go.com/US/fbi-warns-potential-surge-hate-crimes-asian-americans/story?id=69831920&fbclid=IwAR0A_H8djxl74Z87L0xTk0z5Mw4BOv6RnOUkuDevjSMbDoVES398VxlcH54&from=groupmessage&isappinstalled=0.

③ MOORE M. Trump blames China's 'incompetence' for global coronavirus death toll[N/OL]. New York Post, 2020-05-20[2020-06-04]. https://nypost.com/2020/05/20/trump-blames-chinas-incompetence-for-coronavirus-death-toll/amp/.

(The best way to cheer yourself up is to try to cheer somebody else up)[1]。我的一位名叫Sandy的美国朋友常常给我发送一些心灵鸡汤安慰我，我也以德报德，把一些温馨小视频或者图片发给她和其他朋友。这样的交流非常暖心，互帮互助，共渡难关。其实，中国儒家思想里的“仁”翻译成英文就是humanity。孔子在《论语》里对“仁”有过多次解释，如“樊迟问人。子曰：‘爱人’”(《论语·颜渊》)；“人而不仁，如礼何？人而不仁，如乐何？”(《论语·八佾》)。这些说法与古希腊哲学家伊壁鸠鲁(Epicurus，公元前341—公元前270)的“善即快乐”之说有相似之处。[2] 孔子认为仁者具有“恭、宽、信、敏、惠”的品质(《论语·阳货》)。李泽厚认为仁学思想的核心是伦理和心理的结合。他评价孔子：“孔子没有把人的情感心理引导向外在的崇拜对象或神秘境界，而是把它消融满足在以亲子关系为核心的人与人的实践关系之中，使构成宗教三要素的观念、情感和仪式统统环绕和沉浸在这一世俗伦理和日常心理的综合统一体中，而不必去建立另外的神学信仰大厦。”[3]总的来说，中国传统思想基本都是关注人学的，教导我们如何关怀他人、修身养性，怎样平衡阴阳、控制欲望和情绪。在疫情面前我们尤其需要这些品质和自控能力。马斯洛(Abraham Maslow)的需求金字塔最底层是基本的衣食住行，在此基础上的更高需求是安全感、被爱、自尊及归属感。最高一层是自我实现。所以只满足物质的需要而忽视人文关怀是不正确的。雨果说过，“有了物质，那是生存。有了精神，那才是生活(It is by the real that we

---

① TWAIN M. Mark Twain's notebook[M]. Albert Bigelow Paine (ed.). New York: Harper & Brothers, 1935: 310.

② 罗素. 西方的智慧[M]. 崔人元，译. 北京：世界知识出版社，2007：125.

③ 李泽厚. 中国古代思想史论[M]. 北京：人民出版社，1986：21.

exist; it is by the ideal that we live)”[①]。只从科学层面传递信息和分析疫情也是不够的。《纽约时报》的一篇文章写道:“当科学家和政治家在寻找抗击新冠病毒的办法时,很多人转向了(宗教)信仰。”[②]大难临头时,人们更加需要同心协力、互助合作的博爱情怀,而不是“甩锅”和撕裂。

第三,人类是互相依靠和联结的。鲁迅说过,“无穷的远方,无数的人们,都与我有关”[③]。日本援助中国防护用品的箱子上写的“山川异域,风月同天”感动了无数中国人。在疫情期间,中西方都用幽默的视频、音乐、歌曲和舞蹈等艺术形式释放郁闷情绪和压力,安抚焦躁和不安,缓解情绪和心情。人们使用Zoom保持联系,举办生日、婚礼和毕业典礼等各种庆祝活动,学校网上授课,人们互相关心和照顾,国与国之间互赠互购医疗物资。全球疫情期间,有一句描写海外华人处境的话广为流传:“中国人打上半场,美国人打下半场,海外华人打全场。”确实,当武汉疫情开始时,海外华人购买了大批医疗物资运回国内,支援国内抗疫。当美国疫情爆发后,国内很多机构、家人和朋友又向美国邮寄口罩和其他病毒防护用品。新冠病毒是人类共同的敌人,不分种族、不分国籍,只要世界上任何一个地方存在疫情,人类就得共同面对。通过疫情,希望我们能学会关心每一个个体,关注生命(包括动物的生命),尊重人性,保护环境。

第四,人文科学的研究和反思具有重要意义。人文科学能帮助我们培养积极向上的心智和宽广的视野,教导我们宽厚待人、欣赏自然、敬畏生命、

---

① HUGO V. William Shakespeare[M]. MELVILLE B, Trans. Anderson, Chicago: A. C. McClurg and Company, 1887:295.

② YEE V. In a pandemic, religion can be a balm and a risk[N/OL]. New York Times (online version), 2020-03-22[2020-06-04]. https://www.nytimes.com/2020/03/22/world/middleeast/coronavirus-religion.amp.html.

③ 鲁迅. 且介亭杂文末编[M]. 北京:北京联合出版公司, 2014:84.

拥有慈悲心和正义感。一个精神世界丰富、内心强大的人是永远也不会感到孤独的，而这需要人文科学的滋养。在当今世界，包括在美国，人文科学不被重视，专业选择变得功利化，人们过于重视知识性和专业性，从而忽视了对生命意义的思考，忽视了信仰和精神世界对人生的指导作用以及语言修辞对思维和行为的影响作用。在疫情中，人们寻求精神安慰和信息的真实，这些都是通过人文科学来培养的。本文所涉及的哲学、修辞学及跨文化沟通学都是人文科学的重要组成部分。每当人类的健康、生命和经济安全受到威胁时，人类总是会转向哲学、神学和艺术这些精神领域，寻求安慰。我们会思考什么是人生的意义，怎样面对死亡，怎样珍惜当下的生活，怎样与他人相处。历史上每次大灾难后都会出现人文方面的重大转折。14 世纪中期，欧洲发生的鼠疫或黑死病被认为是上帝对人类的惩罚。这场瘟疫之后出现的文艺复兴全方位地把人当作具体的人，而不是把神作为主题来表现。那个时期出现了很多以人为中心的艺术作品，如提香(Titian)和卡拉瓦乔(Caravaggio)的作品都反映了人们的精神世界。同一时期，仅在修辞学方面就有 2500 多本新书出版。那时的学者们相信，掌握和使用修辞手段能刺激大脑的活力，有杰出的口才和文笔的人才是真正意义的文艺复兴代表人物。

二战以后，美国经济迅速发展。1929 年的经济大萧条促生了罗斯福总统制定的“新政”(New Deal)，使人文关怀的政策逐步落实，如美国军人权利法案(G. I Bill)、联邦医疗保险(Medicare)和福利计划(Welfare Programs)。德国纳粹屠杀犹太人之后出现了无数人文作品，比如哲学和修辞学方面出现了哈贝马斯(Jurgen Habermas)和阿伦特(Hannah Arendt)这样的大家，也出现了许多艺术和影视作品记录和反思这场灾难，如弗兰克(Anne Frank)的《安妮日记》(*Diary of Anne Frank*)、维塞尔(Elie Wiesel)

的《夜》(*Night*)。

相信这次疫情过后,世界将会发生巨大的变化。在文学艺术方面,一定会出现许多文学作品,或不同的文艺形式来记录疫情带来的灾难和心理挫伤,一定会产生一批文学家、思想家、音乐家、画家和各类艺术家的优秀作品。笔者认为,应推动人文科学的研究。作为个人,记录下你所听到、看到和经历的人和事。同时,我们需要坚守良知和常识,敢于向不公平发声,同情、支持和帮助遭遇不幸的人和弱势群体。大家都要跨越自己的区域认同界限,审视自己的偏见,警惕别人的偏见和极端语言。国与国之间的矛盾有时是政治斗争,但更多情况下是我们不理解对方的文化背景、沟通形式和修辞手法所造成的误会、矛盾和偏见。学校应该加强人文科学的师资培养及学科建设,每个人都应该学习哲学、修辞、历史和文学以丰富个人的精神世界,拓宽看问题的视野。

(编辑:肖劲草)

跨文化粉丝圈分化模式的类型学探究

——基于迪玛希粉丝社群的实证分析

◈ 侯 雨*

摘 要 在社交网络化浪潮的推动下，跨文化粉丝圈(transcultural fandom)已经成为全球粉丝开展跨文化交流的虚拟媒介平台。在此背景下，本研究以哈萨克斯坦歌手迪玛希的粉丝社群为例，通过运用定量的问卷调查法和定性的网络民族志，从跨文化传播视角来重新审视媒介全球化环境中的粉丝文化现象。以粉丝的"认知-行为"二维分析框架为基础，本文对跨文化粉丝圈的分化模式进行了类型学考察。其中，粉丝心理认知特征使用"跨文化敏感性"和"粉丝对哈萨克斯坦的认知态度"两个指标来测量，而粉丝行为投入特征则使用与跨文化追星实践有关的变量予以表征。聚类分析显示，粉丝圈成员可以划分为以下四种类型，即跨文化参与型粉丝(认知高/行为高)、常规参与型粉丝(认知低/行为高)、文化包容型粉丝(认知高/行为低)与隐遁型粉丝(认知低/行为低)。上述研究表明，粉丝个体在跨文化追星过程中表现出的跨

* 侯雨，中南财经政法大学新闻与文化传播学院讲师。

文化认知能力及跨文化交流实践均呈现出明显的异质性。

关键词 跨文化粉丝圈,粉丝类型,跨文化心理认知,跨文化行为投入

A Typology Research on the Differentiation Mode of Transcultural Fandom

——Based on the Empirical Analysis of Dimash's Fan Community

Abstract Driven by the wave of social networking, transcultural fandom has become a virtual media platform for global fans to conduct intercultural communication. In this context, taking the fan community of Kazakh singer Dimash as an example, this study aims to re-examine the fan culture in the context of media globalization from the perspective of intercultural communication through the combination of questionnaire survey and Netnopraphy. Based on the two-dimensional analysis framework of "cognition-behavior" of fans, this paper makes a typological investigation on the differentiation model of transcultural fandom. The psychological cognitive characteristics of fans were measured by two indicators: "intercultural sensitivity" and "fans' cognitive attitude toward Kazakhstan", while the behavioral engagement characteristics of fans were characterized by variables related to the practice of transcultural star chasing. Using the statistical method of cluster analysis, the author found that members of the fandom can be divided into the following four ideal types, namely transcultural participated fan (high cognitive/high behavioral), conventional participated fan (low cognitive/high behavioral), cultural tolerance fan (high cognitive/low behavioral) and reclusive fan (low cognitive/low behavioral). The above typological analysis of fandom shows that there is obvious heterogeneity in the intercultural cognitive ability and intercultural communication practice of different fans in the process of transcultural star-chasing.

Keywords transcultural fandom, fan types, transcultural psychological cognition, transcultural behavioral engagement

只要对世界范围内广泛流行的粉丝文化稍作了解,便会注意到它已然彰显出一个全新意义上的跨文化互动体系。粉丝研究者金和森本曾直言道:"在粉丝与跨文化对象之间产生亲密时刻(moment of affinity)之际,便是一位跨文化粉丝(transcultural fan)诞生之时,这一过程不会再受制于地域、国家和文化背景差异的影响。"[①]诚然,置身于新媒体时代,任何一个人都可以通过缺场的"想象"途径加入特定的趣缘社群之中,共同参与和体验各类集体性的阅读、批判以及娱乐活动,进而形成阿帕杜莱所指称的"情感共同体"。在这个意义上,"想象"不再是逃避现实的一种方式;相反,它成为粉丝们"行动的舞台"。[②] 然而,如果把粉丝圈简单理解为想象的共同体,这就在某种程度上过度强调了"想象"能够帮助克服空间距离和文化差异、增加粉丝圈同质化程度这一层含义,而忽视了不同的粉丝个体开展跨文化交流

---

① CHIN B, MORIMOTO L H. Towards a theory of transcultural fandom[J]. Participations: journal of audience & reception studies, 2013,10(1):92-108.

② 阿帕杜莱. 消散的现代性:全球化的文化维度[M]. 上海:上海三联书店,2012:10-11.

实践的异质性。正如拉普安特所指出的:“想要真正了解粉丝的价值所在,我们就必须承认并非所有的粉丝都是相同的。”①

为了更全面地理解粉丝圈的异质性特征,笔者认为可以采用类型学(typology)的分析思路来对粉丝社群进行系统考察。曹顺庆曾从比较文学的角度明确解读过“类型学”的研究目标:“在世界文学的历史发展进程中,一些产生于不同时空、文化、民族、语言背景下的文学现象,彼此之间并无事实联系,或虽有所接触而并未构成其内在动因,却往往存在着或明晰或隐微的共通处和契合点,类型学研究的目标就是对这种相似的文学现象加以联类比照,在寻觅整体文学演进通则和规律的同时发掘出相似类型表象下深层次的文化差异。”②巧合的是,上述关于“类型学”的界定正好与本文的研究旨趣相互映照:由于跨文化粉丝圈客观上存在语言文化背景上的差异,不同类型的粉丝对于文化他者的认知与互动模式既可能体现出某种“通则和规律”,也有可能具有深层次的类型差异。因此,本文在探索粉丝圈的构成特征时拟采用类型学的思路。另外,值得一提的是,类型学分析实际上已经在人文社会科学领域受到较多关注,对于理解社会科学理论的概念内涵③、社会政策的扩散机制④以及电视新闻评论的差异⑤等实证问题都有所助益,这

---

① LAPOINTE P. Measuring facebook's impact on marketing. The proverbial hits the fan[J]. Journal of advertising research, 2012,52(3):286-287.

② 曹顺庆. 比较文学教程[M]. 北京:高等教育出版社,2006:158.

③ 李宗克,曹锦清. 社会科学本土化的理论内涵——基于社会学的类型学分析[J].华东理工大学学报(社会科学版),2013(2):1-9; 郁建兴,秦上人. 制度化:内涵、类型学、生成机制与评价[J]. 学术月刊, 2015(3):111-119.

④ 刘红波,林彬. 人工智能政策扩散的机制与路径研究——一个类型学的分析视角[J].中国行政管理,2019(4):38-45.

⑤ 张萱,韩云波. 电视新闻评论的类型学考察[J]. 西南师范大学学报(人文社会科学版),2003(6):1-3.

也为本文借鉴这一分析思路提供了经验支撑。

基于以上认识，本文以迪玛希的中国粉丝群体为例，一方面利用问卷调查所获取的数据资料，尝试通过聚类分析法(cluster analysis)对粉丝圈的构成予以类型学辨析；另一方面，为了进一步了解每一类粉丝的具体特征，笔者对迪玛希的粉丝圈进行了网络民族志考察，以期能更全面地理解跨文化粉丝社群在主观认知和追星行为等方面所呈现出的复杂特征。

一、认知与行为：理解粉丝圈异质性的两个维度

规模庞大的粉丝社群是粉丝文化的具体实践者，因而在探讨相关议题时离不开对这一特定人群特征的分析。那么，应该如何来合理描绘粉丝们所表现出的差异化特质呢？博内尔和亨特等文化学者为我们提供了一种可行的解析思路。具体来说，就文化的内容属性而言，它同时包含了作为意义系统的文化(culture as a system of symbols and meanings)和作为实践行为的文化(culture as practice)这两个维度的内容。[①] 前者是从主观、静态的角度，强调文化是个体通过主观认知的方式建构出来的意义符号系统；而后者则是从客观、动态的角度，把文化视为由不同行为集合所构成的"工具箱(tool kit)"。由此，粉丝作为文化实践者，其主观认知和客观行为可以被视为粉丝文化现象的"一体两面"；而从这两个维度出发，或许能够更好地理解粉丝社群复杂的文化特质。接下来，笔者将分别对这两个维度的概念进行必要的文献剖析。

---

① BONNEIL V E, HUNT L. Beyond the cultural turn: new directions in the study of society and culture[M]. Berkeley: University of California Press, 1999:35-61.

(一)粉丝的心理认知特征

互联网技术进步带来了流行文化的跨国传播,并将世界各地的粉丝联系在一起。在全球化背景下,粉丝的跨文化交流能力不仅能为其跨文化追星提供便利,也可以助其从跨文化粉丝圈中获取积极的情感意义。而从另一方面看,跨文化粉丝圈的存在也反过来促使粉丝去适应更为多元的文化环境,学会与其他文化背景的粉丝开展有效的跨文化沟通与交流,提升自身的跨文化理解力和敏感性(sensitivity)。

布朗芬布伦纳等心理学家从个体认知层面出发,较早研究了敏感性这个学术概念。他们的研究指出,对概化他者(generalized others)的敏感性和对个体差异的敏感性(即"人际敏感性")是个体社会认知能力的两种主要类型,涉及区分他人的行为、感知或感受的能力。① 哈特等人则将敏感性看作是日常生活中的一种心态,并强调敏感性高的人应该能接受个体的复杂性,避免沟通的僵化,并且会有意识地进行互动,乐于交换想法。② 在对"敏感性"概念的研究基础上,学者们又将其应用于跨文化交流情境,并提出了一个衍生概念——跨文化敏感性。跨文化敏感性反映了个人对他者文化的认知倾向性,它主要取决于:(1)个人是在个体主义还是集体主义文化中进行互动的;(2)个人接触到文化差异时所持有的开放态度;(3)个人在不熟悉的文化规范中表现出的行为灵活性。基于以上观点,他们建立了跨文化敏感性量表,量表测试结果显示,那些跨文化敏感性得分高的人更喜欢从事需要广泛跨文化交流的复杂工作(诸如尝试不同民族食物的活动),并且其在他

---

① CHEN G M, STAROSTA W J. The development and validation of the intercultural sensitivity scale[J]. Human communication, 2000, 3(1): 4.

② HART R P, CARLSON R E, EADIE W F. Attitudes toward communication and the assessment of rhetorical sensitivity[J]. Communication monographs, 1980(47): 1-22.

者文化环境中实际生活了更久的时间。[①] 此后，有学者对量表的建构效度(construct validity)进行了分析。通过比较341名美国学生(代表个体主义文化)与301名墨西哥学生(代表集体主义文化)，该研究对将个体主义和集体主义作为跨文化敏感性基础的有效性提出了质疑。[②]

陈国明和斯塔柔斯塔[③]指出，为了发展更有效的跨文化敏感性测量方法，有必要将这一概念限定在与跨文化交流有关的认知能力层面，以便于将其与跨文化意识(intercultural awareness，侧重于跨文化交流的情绪感知方面)和跨文化机敏性(cultural adroitness，侧重于跨文化交流的行为方面)区分开。从这个方面思考，跨文化敏感性可以界定为一个人在理解和欣赏文化差异的过程中产生积极情绪的能力，而这种能力促进了跨文化交流中恰当而有效的行为。[④] 进一步说，培养文化差异的理解能力并最终提高跨文化交流效能，需要重点关注以下几个要素，即自尊、自我监控、思想开放、同理心、参与互动和不评判他人。[⑤] 在厘清了跨文化敏感性的相关概念范畴后，他们继续对其内涵予以解读，认为它主要涉及互动参与度、尊重文化差异、

---

① BHAWUK D P S, BRISLIN R. The measurement of intercultural sensitivity using the concept of individualism and collectivism[J]. International journal of intercultural relations, 1992,16(4):413-436.

② KAPOOR S, COMADENA M. Intercultural sensitivity in individualist-collectivist setting [C]. Paper presented at Intercultural Communication Convention, Albuquerque, New Mexico, 1996.

③ CHEN G M,STAROSTA W J. A review of the concept of intercultural awareness[J]. Human communication, 1998,2:27-54.

④ CHEN G M, STAROSTA W J. Foundations of intercultural communication [M]. Boston, MA: Allyn & Bacon,1998:231.

⑤ CHEN G M,STAROSTA W J. A review of the concept of intercultural awareness[J]. Human communication, 1998,2:27-54.

互动自信、互动愉悦感和互动专注度等方面的内容。① 概言之,笔者认为,跨文化敏感性以及对待他者文化的态度构成了全球化语境下理解粉丝认知特征的重要维度。

(二)粉丝的行为投入特征

在考察粉丝文化现象时,除了需要关注粉丝主观认知层面的因素外,也要注意到不同粉丝围绕趣缘对象的行为投入强度同样存在差异性。赫特(Hirt)等学者以运动迷群为例,指出这一类粉丝对喜爱的体育俱乐部投入程度(commitment level)存在较大差异:有的粉丝仅会偶尔参与俱乐部的活动,但也有粉丝甚至将俱乐部比赛的输赢看作是自己的事情。② 这项研究对本文的启示在于,粉丝的投入程度能够从客观行为层面反映出粉丝群体的异质性特征。

通过梳理与粉丝分类有关的文献,笔者注意到已经有学者从粉丝行为特征着手来探析粉丝群体的类型差异。例如,亨特(Hunt)等人把球迷划分为以下几个类型:临时性(temporary)球迷对于运动的兴趣受到时间限制,兴趣结束后便不再出现与运动对象相关的行为,而是回归到正常的行为模式;地方性(local)球迷往往只会参与本地球队粉丝的活动,其行为受到地理位置的影响;忠诚型(devoted)粉丝不受上述时间或地理空间的制约,会经常去看喜欢的球队比赛,购买球队纪念品;狂热型(fanatical)球迷则不仅去看

① CHEN G M, STAROSTA W J. The development and validation of the intercultural sensitivity scale[J]. Human communication, 2000, 3(1): 1-15.

② HIRT E R, ZILLMANN D, ERICKSIN G A, et al. The costs and benefits of allegiance[J]. Journal of personal and social psychology, 1992, 63(5): 724-738.

比赛，还会把自己的身体涂上球队的颜色。[①] 泰普（Tapp）和克劳斯（Clowes）的类似研究则根据足球爱好者的具体消费行为，区分出以下三个粉丝类型：偶然型（casual）球迷平均每年参加5场比赛，每年花费约100英镑，同时平均每年在商品上花费25英镑；常规型（regular）球迷平均一个赛季要看15场比赛，每年的球票花费300英镑，每年的商品花费35英镑；而狂热型（fanatics）球迷平均每年在球票上花费350英镑，在商品上花费75英镑，他们也是对俱乐部经营而言最重要的一个消费群体。[②]

以上提及的文献是对体育运动迷群的研究。实际上，针对其他迷群的研究同样揭示了粉丝群体在行为特征上的差异。例如，有学者对摇滚音乐粉丝进行了分析，总结出四类典型的粉丝类型：偶然型（casual）粉丝拥有数量较少的唱片，会临时决定去参加一个特定的摇滚音乐会；忠诚型（loyal）粉丝会参加自己喜欢的乐队的一系列音乐会，可能通过穿乐队T恤以及拥有很多唱片和一些商品来表明自己的粉丝身份；死忠粉（die-hard fan）会追随喜欢的乐队去参加每一次巡回演唱会，甚至不惜为此改变个人的生活方式，他们拥有乐队发行的所有或大部分的唱片，并非常了解乐队的历史；失常型（dysfunctional）粉丝会以牺牲工作或家庭正常生活秩序为代价去参加乐队的各类活动。[③] 珀金斯对美国金属乐队（Metallica）的粉丝进行了网络民族

① HUNT K A, BRISTOL T, BASHAW R E. A conceptual approach to classifying sports fans[J]. Journal of services marketing, 1999,13(6):439-452.

② TAPP A , CLOWES J. From "carefree casuals" to "professional wanderers": segmentation possibilities for football supporters[J]. European journal of marketing, 2002,36(11/12):1248-1269.

③ BEAVEN Z, LAWS C. Never let me down again: loyal customer attitudes towards ticket distribution channels for live music events:a netnographic exploration of the US leg of the depeche mode 2005—2006 world tour[J]. Managing leisure, 2007,12(2):120-142.

志考察,总结出与上述研究基本一致的四种粉丝类型。① 由此可知,粉丝的行为特征差异确实反映出粉丝群体的类型分化趋势。

二、粉丝跨文化认知和追星行为的测量

参考李普斯曼②等学者的观点,本文把“粉丝”理解为被特定对象所吸引并且对这一对象表达“喜欢”(liking)态度的人。为了获取迪玛希的中国粉丝样本,笔者在迪玛希“微博超话”上发放了网络调查问卷。这些填写问卷的微博用户全都订阅和关注了迪玛希的微博账户,同时也都明确表示“喜欢”来自哈萨克斯坦的歌手迪玛希。因此,受访的微博用户比较符合对“粉丝”的概念界定。需要指出的是,由于无法获得迪玛希所有中国粉丝的抽样框,故而没有采用严格意义上的随机抽样方法。最终,笔者获得了 421 个迪玛希的有效粉丝样本用于接下来的统计分析。接下来,笔者将继续沿着前文的分析思路,试图从粉丝主观认知和客观行为这两个维度来展现这个群体复杂的分化特征。为此,有必要先针对认知和行为特征进行操作化测量。

(一)粉丝跨文化认知特征的测量

在粉丝的主观认知方面,调查问卷中设计了一套跨文化敏感性量表

---

① PERKINS A. Identification in popular music: a netnographic exploration of online fan communities[C]. Paper presented at Australia & New Zealand Marketing Academy Conference, Melbourne, Australia, 2010.

② LIPSMAN A, MUDD G, RICH M, et al. The power of “like” how brands reach (and influence) fans through social-media marketing[J]. Journal of advertising research, 2012, 52(1): 40-52.

(Intercultural Sensitivity Scale)。量表设置借鉴了陈国明等人[①]的相关研究,具体包含以下10个题目:(1)我喜欢与来自其他文化背景的人进行交流;(2)我能够尊重其他文化背景的人的价值观和行为方式;(3)我认为其他文化背景的人思维狭隘;(4)与其他文化背景的人交流时,我总是不知道该说些什么;(5)我能够自信地与其他文化背景的人交流;(6)我与其他文化背景的人交流时,会积极表达自己的观点;(7)我不喜欢与其他文化背景的人待在一起;(8)我不会接受来自其他文化背景的人的意见;(9)我认为中国文化比其他的文化更好;(10)我总是尽量避免与不同文化背景的人打交道。回答题项采用李克特五分法,得分越高表明跨文化敏感度越高。其中,第3、4、7、8、9、10题进行了反转编码。

为了便于分析,笔者对该量表予以降维处理。通过主成分法(PCA)提取了公因子,并用方差最大法予以正交旋转,从而得到两个特征值大于1的公因子。具体来说,F1因子包含第2、3、7、8、9五个题目,反映了粉丝对于其他文化的尊重程度,将其命名为"尊重文化差异"因子;F2因子包含第1、4、5、6、10五个题目,这些题目能反映粉丝跨文化交流时的自信心和效能感,将其命名为"跨文化交流效能"因子。上述两因子的累积方差贡献率达到54.4%,KMO值为0.865,Bartlett球形度检验结果$p<0.001$,说明笔者所构建的跨文化敏感性量表比较适合因子分析。

接下来,将因子分析中的回归法所得到的因子值转化为百分制因子得分。[②] 然后,以因子方差贡献率作为权重,计算受访粉丝跨文化敏感性的总

① CHEN G M, STAROSTA W J. The development and validation of the intercultural sensitivity scale[J]. Human communication,2000,3(1):1-15.

② 依据以下公式将因子值转化为0至100的百分制得分:F因子得分=(F因子值-F因子最小值)×100/(F因子最大值-F因子最小值)。

得分。表1列出了粉丝样本的跨文化敏感性测量结果,从中可见,多数粉丝在跨文化敏感性因子上的得分以及总得分均处于中等水平;同时,由标准差大小判断,不同粉丝的跨文化敏感性特征也存在明显差异性。

表1　迪玛希粉丝的跨文化敏感性特征描述

	尊重文化差异因子	跨文化交流效能因子	跨文化敏感性总分
均值	53.98	52.67	53.34
标准差	19.16	18.64	13.38

除了测量粉丝的跨文化敏感性以外,笔者在问卷中还询问了粉丝对迪玛希母国背景的认知状况。具体来说,调查时要求受访者自评对哈萨克斯坦社会文化背景的了解程度。经过数据整理,笔者将该变量重新编码为0=完全不了解,1=了解一些,2=比较了解,3=非常了解。实际上,这个测量指标也反映了粉丝对于他者文化的认知态度。初步结果显示,分别有57.2%和33.5%的粉丝认为自己"了解一些"或者"比较了解"哈萨克斯坦的社会文化。由此可知,在追星过程中,有较大比例(约90%)的中国粉丝会选择去接触跨国明星的母国社会文化,这也间接说明跨文化粉丝圈在一定程度上增进了不同文化之间的交流。

(二)粉丝跨文化行为特征的测量

在粉丝行为特征方面,本次调查包含一系列与"跨文化追星"有关的题目,具体包括:(1)和迪玛希其他国家的粉丝交流情况,赋值为没有交流=0,仅在网上交流=1,现实和网上均有过交流=2;(2)是否加入了Facebook迪玛希国际粉丝俱乐部,赋值为加入=1,未加入=0;(3)是否参加过中国境外地区的迪玛希现场演唱会,赋值为参加过=1,未参加=0;(4)是否通过国外媒体新闻报道获取迪玛希的信息,赋值为是=1,否=0;(5)是否通过国外社交网站获取迪玛希的信息，赋值为是＝1，否＝0。将此五道题相加得到“跨文化追星指数”变量，其均值＝1.6，标准差＝1.4。这五道题目的 Cronbach Alpha 系数为 0.6，该数值基本满足对探索性研究的要求。

此外，粉丝的经济消费行为也是粉丝文化现象的重要构成要素，对娱乐产业的发展发挥了重要影响。因此，笔者也调查了迪玛希粉丝的消费行为强度，并将其操作化为以下两个指标：(1)粉丝参加迪玛希现场演唱会的次数，编码为没参加过＝0，参加过 1 次＝1，参加过 2 次＝2，参加过 3 次＝3，参加 4 次及以上＝4；(2)粉丝购买迪玛希实体专辑的数量，编码为没购买过＝0，购买过 1 张专辑＝1，购买过 2 张专辑＝2，购买过 3 张专辑＝3，购买过 4 张及以上数量的专辑＝4。表 2 显示了粉丝样本的消费行为特征的描述性统计结果。

表 2　迪玛希粉丝的消费行为特征

粉丝消费行为赋值	参加迪玛希现场演唱会	购买迪玛希的实体专辑
0	166(39.3%)	43(10.2%)
1	92(21.9%)	195(46.3%)
2	60(14.3%)	57(13.6%)
3	45(10.7%)	72(17.1%)
4	58(13.8%)	54(12.8%)

注：表中数据为样本频数(百分比)

如前所述，笔者已针对粉丝认知和行为特征进行了相应的指标测量。为了便于后面的分析，笔者继续使用因子分析法，将跨文化敏感性(总分)、对哈萨克斯坦社会文化的认知程度、跨文化追星指数、现场演唱会参与和实体专辑消费情况等五个指标予以降维处理，表 3 为因子分析结果。全部测量指标的共同度均在 56%以上，累积方差贡献率达到 60.915%，KMO 值为 0.6，巴特利特球度检验显著性小于 0.001。这些数据表明，对关涉粉丝认知和行为特征的五个指标进行因子分析是比较合理的。

表3 迪玛希粉丝的认知与行为特征因子分析结果

测度指标	F1 因子跨文化心理认知	F2 因子跨文化行为投入	共同度
跨文化敏感性	0.777	-0.017	0.604
哈萨克斯坦社会文化认知	0.754	-0.060	0.572
跨文化追星指数	0.337	0.677	0.571
实体专辑购买	-0.153	0.736	0.566
参加现场演唱会	-0.153	0.843	0.733
特征值	1.727	1.319	
方差贡献(%)	34.280%	26.635%	
累计方差贡献(%)	60.915%		

根据不同指标的因子载荷分布情况,笔者将提取出来的F1因子命名为“跨文化心理认知”,而F2因子则称为“跨文化行为投入”;然后,与上文对跨文化敏感性指标的操作化方式类似,将F1和F2因子转换为0至100的百分制得分。描述性分析显示,跨文化心理认知因子的均值为44.95(标准差=20.27),跨文化行为投入因子的均值为34.37(标准差=22.09)。

三、粉丝圈分化模式的聚类分析结果

上文已经对粉丝的跨文化认知和行为特征进行了操作化测量。以此为基础,运用聚类分析法(cluster analysis)进一步探究跨文化粉丝社群的分化特征。聚类分析是目前应用最为普遍的一种分类技术,它能够把性质相近的个体归为一类,使得归属于同一类的个体具有较高的同质性;与此同时,又能保证分属不同类的个体具有较高的异质性。聚类分析过程包括以下四个步骤:第一,根据研究目的选择合适的分类变量;第二,计算分析对象之间的相似性;第三,选定聚类方法;第四,对聚类结果进行阐释。

笔者基于“认知—行为”的理论分析框架,选择上文提取出来的“跨文化心理认知”和“跨文化行为投入”两个因子作为聚类变量。这两个因子是通过正交旋转处理后得到的，因此满足“变量间不应该高度相关”这一前提要求。然后，使用 SPSS 软件中的层次聚类程序（hierarchical cluster procedures），样本个案间的距离测度则采用基于平方欧氏距离（Euclidean distance）的离差平方和法（即 Ward 法）。该方法能使同一类个案的离差平方和较小，不同类个案间的离差平方和较大。[①] 最后，笔者综合考虑“各类间的距离应尽量大”等分类原则，决定把粉丝样本划分为四个类别。

表 4 为聚类分析的统计结果。依据不同粉丝群体在心理认知和行为投入程度上的分布特征，得到四种粉丝类型，即跨文化参与型粉丝、常规参与型粉丝、文化包容型粉丝和隐遁型粉丝。此外，考虑到各类粉丝样本数量并不相同，笔者还使用谢夫（Scheffe）事后多重比较方法予以稳健性检验，结果显示：四个群组间确实在聚类变量特征方面表现出显著的差异性（$p<0.01$）。

表 4　迪玛希粉丝社群的聚类分析结果

跨文化粉丝社群四种类型	聚类变量[a]		样本频数（占比）
	跨文化心理认知	跨文化行为投入	
跨文化参与型粉丝	均值＝69.45（高）	均值＝73.10（高）	31（7.4%）
常规参与型粉丝	均值＝30.66（低）	均值＝54.14（高）	116（27.6）
文化包容型粉丝	均值＝69.66（高）	均值＝27.94（低）	88（20.8%）
隐遁型粉丝	均值＝38.09（低）	均值＝18.64（低）	186（44.2%）
全样本	均值＝44.95	均值＝34.37	—
Scheffe Post-hoc Test（事后多重比较检验）[b]	1-2，1-4，2-3，2-4，3-4	1-2，1-3，1-4，2-3，2-4，3-4	—

注：[a]两个聚类变量均为百分制得分；[b]事后多重比较检验结果表示在相应的聚类变量上有显著差异（$p<0.01$）的类型

① 郭志刚. 社会统计分析方法：SPSS 软件应用．第 2 版[M]. 北京：中国人民大学出版社，2015：114-131.

通过观察表 4 数据可知,迪玛希粉丝圈占比最多的一类是隐遁型粉丝(44.2%),其次是常规参与型粉丝(27.6%)和文化包容型粉丝(20.8%),占比最少的则是跨文化参与型粉丝(仅有 7.4%)。这四种粉丝类型集中体现出粉丝圈异质性的构成特征。

四、粉丝认知倾向与行为模式的现实表征

结合"认知-行为"分析框架以及网络民族志观察所获取的质性资料,笔者总结了四种类型粉丝的认知倾向与行为模式在现实中的具体表征。

(一)跨文化参与型粉丝

迪玛希的中国粉丝圈就是一个跨文化社群,粉丝所喜爱与消费的偶像来自哈萨克斯坦。与其他本土偶像不同,迪玛希的母语是哈萨克语,他惯常使用的社交网站是 Instagram,他的歌唱事业也并非完全扎根于中国市场,而是涉及全球。在这样的情况下,迪玛希在其 Instagram 账号发布的动态、图片与视频,国外媒体对其演出活动的相关报道等资讯,大部分中国粉丝都没有办法第一时间、直接通过国内渠道获取,并且大部分粉丝对于阅读这些海外资源存在语言障碍。因此,就需要有人从国外网站将这些信息转载至"微博超话"等本土社交平台,以便于其他粉丝阅读与分享。这种行为被粉丝们称为"资源搬运",其过程涉及对海外资源的搜集、整理、翻译。此外,充当"搬运工"的粉丝也会根据自己的知识体系对这些信息进行二次加工,例如补充外文歌曲作品的文化背景、词曲作者信息等,或者加入自己对歌曲的感悟和评析。

跨文化参与型粉丝往往承担着"资源搬运"的日常工作,他(她)们的外

语水平较高，并且熟练掌握着各种获取偶像信息的媒介渠道，除各类国内媒介渠道外，还包括各大国外社交网站（Instagram、Facebook），以及来自国外媒体的新闻报道。他（她）们会主动参加迪玛希的各类线上、线下活动，并积极购买迪玛希的音乐专辑。出于对迪玛希的喜爱，他（她）们会主动搜寻和了解更多哈萨克斯坦的历史、风俗和文化，于他（她）们而言，对于偶像的崇拜已经转化为对其民族文化的兴趣和热爱。此外，他（她）们通常会加入国际粉丝群组，并积极寻求与外国粉丝的交流与合作，因而结识了许多外国粉丝朋友；在与文化他者交流的时候，他（她）们也始终保持着一种求同存异的态度。不仅如此，部分跨文化参与型粉丝还会借机向那些喜爱迪玛希的外国粉丝传播中国文化。由此可见，尽管跨文化参与型粉丝在整个粉丝圈中占比最小（本研究中仅占 7.4%），但他（她）们的存在能够极大地推动跨文化粉丝圈中不同文化背景的粉丝之间的积极交流和互动，甚至能够对本土文化的对外传播起到一定程度的推动作用。

（二）常规参与型粉丝

这一类型表现为一些追星投入程度较高，但跨文化认知和交际能力较弱的粉丝。这种类型的粉丝在粉丝圈中占比较大（27.6%），他（她）们热衷于追逐异国偶像，聆听异域民族的音乐，甚至不远万里去异国参加偶像的演唱会；他（她）们经常登录境外网站，也拥有自己的 Instagram 和 Facebook 账号，会通过各种国内外媒介渠道获取偶像的信息。这类中国粉丝在跨国追星的过程中也会与外国粉丝产生各种类型的接触与交流，但是由于他（她）们的跨文化敏感性程度较低，难以保持以一种平等的心态来对待不同文化背景的粉丝群体之间的文化和价值观差异，因而导致最初的接触与交流逐渐演变为摩擦和冲突。久而久之，这类中国粉丝便不再喜欢与那些跟自己有着文化差异的外国粉丝交往,并把他(她)们视为相对于中国粉丝的“外群体”,进而形成一种清晰甚至极化的“我群”和“他群”的边界意识。从本质上来说,他(她)们是持有“本民族优越感”的一类粉丝,例如他(她)们日常称呼哈萨克斯坦为“土哈”和“他哈”,并认为我群的粉丝文化理应成为他国粉丝学习和效仿的对象。对于这类粉丝而言,积极地接触跨国流行文化不仅没能提高他(她)们的跨文化意识和能力,反而可能强化了他(她)们的国家民族意识,并拉长了他(她)们与文化他者之间的文化距离。

(三)文化包容型粉丝

出于对偶像迪玛希的迷恋和崇拜,文化包容型粉丝通常会对其母国哈萨克斯坦的文化和习俗产生爱屋及乌式的兴趣;这种对偶像的迷恋和崇拜之情也会进一步促使他(她)们产生诸如学习哈萨克语、结交外国粉丝朋友以及了解哈萨克文化的主观意愿。然而,由于一些客观原因,比如时间和收入的限制,他(她)们无法展开深度的跨文化追星实践,因而这些主观意愿很少被转化为实际行动。从本质上来说,这类粉丝主观上产生的跨文化学习和交流的意愿与动机来源于他(她)们对更充分地了解自己的偶像的渴望,而非出于对异国文化本身的浓厚兴趣。然而,由于这类粉丝的跨文化敏感度普遍较高,他(她)们在跨文化追星的过程中能够尊重和包容文化差异,能够平等地对待文化他者,并从他者出发来思考问题。例如,在较高的跨文化认知水平的作用下,文化包容型粉丝即便接收到一些来自粉丝圈中其他成员散播的关于文化他者的负面信息,也不会轻易地受到影响,相反,他(她)们往往能够根据所掌握的信息形成自己独立的认知与判断,从而减少自身对其他民族国家的粉丝产生偏见和歧视的可能性,这也进一步促使他(她)们对迪玛希的全球粉丝圈产生了较为强烈的跨文化认同感。

（四）隐遁型粉丝

这类粉丝属于跨文化追星投入度和跨文化敏感性都比较低的粉丝。他（她）们的追星行为也是比较简单的，听一听偶像的歌曲，时常关注偶像的动态就比较满足了，并且他（她）们日常关注的偶像资讯绝大部分都来自于微博超话中其他粉丝的分享。在跨文化认知方面，这类粉丝并不会因为喜欢一位哈萨克斯坦明星而产生结交外国粉丝朋友、了解哈萨克民族文化的意愿和行动，因为他（她）们认为这些行为既无必要，也不影响自己对偶像的喜爱。然而，由于这类粉丝的跨文化敏感性普遍较低，他（她）们在与文化他者有限的接触过程中（主要是被动的、间接的接触），很容易受到粉丝圈中一些与文化他者相关的负面信息的影响，进而导致他（她）们对文化他者形成刻板印象和排斥心理。由此可见，对于隐遁型粉丝而言，文化接触并不一定能带来“文化理解”，反而可能会带来更多的“文化误解”。隐遁型粉丝在粉丝圈中占比最大（44.2%），对于他（她）们而言，喜欢一位来自异域文化环境的明星与喜欢一位本土明星，其实并不存在很大的差别。从某种程度上来说，隐遁型粉丝主要是在心底保留着对偶像的欣赏与喜爱之情，仅此而已。

五、结论与讨论

本文针对粉丝社群的类型学分析表明，不同粉丝个体在跨文化追星过程中所表现出的跨文化认知能力以及跨文化交流实践均呈现出较为明显的差异性。有学者曾指出，粉丝崇拜一位偶像是“整体不可分割”的事实，只要是偶像的作品，粉丝都会照单全收；甚至不限于偶像的作品，只要是与偶像相关联的东西（例如偶像的海报、相片、新闻报道、生活点滴等），都会成为粉丝收藏的对象，这种“整体性”是偶像崇拜中很重要的特质。不仅如此，当粉丝对偶像这个“人”的崇拜产生之后，还会将偶像的来源“地”视为某种“圣地”，进而产生对“地”的崇拜。[①] 然而，本研究结果显示，并非所有粉丝都能因为崇拜一位异国偶像而产生对偶像来源“地”的崇拜，也不是所有粉丝都能将对异国偶像的喜爱转化为对其民族文化的热爱。具体来说：(1)对于跨文化参与型粉丝而言，他(她)们对偶像的热爱能转化为对异国文化的热爱，会主动增进对于文化他者的了解；另外，他(她)们还借助于参与跨文化粉丝圈的实践活动结识了许多异文化的成员，并开展积极的文化间沟通与交流，他(她)们可以称得上是真正的“流行世界主义者”[②]。(2)常规参与型粉丝会积极地投入追星活动中，但由于其跨文化敏感度较低，往往不能正确地理解粉丝群体间的差异，这就可能导致他(她)们对文化他者产生抵触甚至排斥的情绪。(3)文化包容型粉丝往往会因为对异国偶像的喜爱而愿意去了解其母国的社会文化，但是这种主观意愿通常很难被转化为实际行动。(4)隐遁型粉丝获取偶像信息的渠道相对单一(主要是微博平台)，很少有接触文化他者的经历，加之个人的跨文化敏感性较弱，其认知态度很容易受到粉丝圈中的片面信息的影响，因而更易于对文化他者形成负面的刻板印象。概言之，本文认为粉丝个体在跨文化认知和行为特征方面存在高低不一的分布差异，同时，粉丝对跨国偶像的崇拜并不一定能增进自身对异域文化的理解与认同，这一发现凸显了粉丝圈的异质化特征。

未来的研究可以进一步检验不同类型粉丝的跨文化特征以及他(她)们

---

① 李丁赞，陈兆勇. 卫星电视与国族想象：以卫视中文台的日剧为观察对象[J]. 新闻学研究，1998，56：9-34.

② 著名粉丝研究学者亨利·詹金斯曾指出，全球融合正在催生一种新的“流行世界主义”，而流行世界主义者则会选择拥抱文化差异，试图摆脱地方性共同体的引力，进入更广阔的文化体验领域。

与异国偶像或其他跨国流行文化产品之间的关系。例如，探索为何一些粉丝比另一些粉丝在跨文化追星环境下更为活跃；为何一些粉丝能够将对偶像的热爱转换为对其民族文化的热爱，而另一些粉丝却不能。总之，媒介全球化时代的跨文化粉丝圈彰显出一个全新意义上的跨文化互动体系，本研究为进一步从跨文化认知与行为的视角来理解和诠释粉丝文化现象提供了一个新的起点。

（编辑：肖劲草）

2019年跨文化传播事件评析

跨文化传播研究小组[①]

摘　要　本文聚焦2019年全球发生的跨文化传播事件并进行深入分析,以期动态呈现人类跨文化传播的最新实践、问题与争议。案例研究发现,2019年跨文化传播事件呈现五个主要维度:中国文化的跨文化理解、认知冲突中的跨文化对话、跨国新闻事件中的他者与自我、流行文化的跨文化传播、性别文化表达的话语变迁。由于文化价值观差异、技术壁垒和语言障碍、国家间刻板印象、集体记忆等因素,文化在向群体外传递的过程中会打折扣,甚至出现抵抗、反弹的现象。本文提出,一种文化在向外输出的时候,应该通过多层次的对话跨越认知偏见与情感障碍,通向多元文化的连接。世界是多元、平等、包容的,唯有在尊重差异与生命的基础上,加强

① 本文系武汉大学跨文化传播研究中心每年进行的年度分析作品,由肖珺教授指导,跨文化传播研究小组共同撰写。小组成员包括武汉大学新闻与传播学院2017级硕士生郭安丽(案例1),2018级硕士生胡文韬(案例2)、孙诗雨(案例3)、潘琛(案例4)、解晴晴(案例5)、谢茜(案例6)、李朝霞(案例7)、赵义凡(案例8)、黄志敏(案例9),本文由武汉大学新闻与传播学院2017级博士生周夏宇统稿。

对话与交流，人类的文明才能更好地存续下去。

关键词 跨文化传播，中国文化，流行文化，他者，性别文化

The Review of Intercultural Communication Events in 2019

Abstract The article focuses on global intercultural communication events and deeply analyses them, to show lately practices, problems and debates of human intercultural communication dynamically. It addresses the cases in five dimensions: the intercultural understanding of Chinese culture, intercultural dialogue in recognitive conflict, other and self in international news events, intercultural communication in pop culture and discursive transmission of gender culture. With difference of cultural values, technological barrier, language difference, international stereotype, collective memories and other reasons, culture tends to discount when spreading to out groups. And it even faces cultural resistance and backlash. The article points that when a culture is exported, it should overcome cognitive bias and emotional barriers through multi-level dialogue and lead to the connection of multi-culture. In a diversified, equal and inclusive world, only when we respect difference, life and enhance communication can human civilization survive.

Keywords intercultural communication, Chinese culture, popular culture, other, gender culture

2019年,全球交往的形势纷繁复杂,不确定性进一步加深,单边主义、民粹主义、传统与非传统安全威胁交织,进一步加深了自由交流的难度。同时,全球化的步伐从未停止,不同民族与个体努力地彼此靠近,我们始终处于自我与他者的对话之中,文化于互动中存在、变化。本文聚焦2019年全球发生的跨文化传播事件并进行深入分析,以期动态呈现人类跨文化传播的最新实践、问题与争议。本文从跨文化传播角度精选9则典型案例,发现跨文化传播事件呈现五个主要维度。维度一:中国文化的跨文化理解(包括李子柒视频的全球流行、《哪吒之魔童降世》的海外传播);维度二:认知冲突中的跨文化对话(国宝《祭侄文稿》旅日展览引发争议);维度三:跨国新闻事件中的他者与自我(包括对NBA辱华事件的讨论、BBC对英国"死亡货车"事件的新闻报道);维度四:流行文化的跨文化传播(《陈情令》在泰国的热播、周杰伦与蔡徐坤的粉丝打榜事件);维度五:性别文化表达的话语变迁(网络流行语"明言明语"的探析、"阿中哥哥"作为饭圈文化下的国家形象符号的生产)。

一、中国文化的跨文化理解

案例1

视听、故事与文化——李子柒视频的跨文化理解

在YouTube这个全球性视频社交平台上,李子柒的美食短视频吸引了美国、印度、印度尼西亚以及英国等数十个国家的网民观看与评论。截至2019年12月底,李子柒的粉丝量达898万人,高居YouTube中国地区粉丝

量排名第一位，总观看量达 11.54 亿次，最新的 30 个视频的平均观看量达 1211 万次，其商业价值背后是观看所引发的跨文化理解。

短视频作用于人直接感知外界的视听感官，在一定程度上能够超越文化和地域边界，呈现出一种分层理解模式：第一层为视听层，主要是直观性元素的呈现，包括器物、服饰、景观、构图、音乐等视听符号；第二层是故事层，在第一层次的基础上，由视觉和听觉元素构成连贯的故事情节；第三层是文化层，在这一层次上，观众结合自身的文化身份和意识形态对影像文本所表达的价值观念作出阐释。这三个层次的理解由浅至深，通过不同层次的解读，跨文化观众可以了解他文化群体的生活方式、价值观念和意识形态等表层或深层文化。

从视听层面上来说，海外网民的认知落点集中于中国文化符号（传统美食、器物、服饰等）、与自然融为一体的中国乡村建筑、中国风的弦乐、祖孙二人聊天的同期声等。从故事层面上来说，海外网民关注食物制作的过程、李子柒和奶奶之间的互动、李子柒和动物之间的互动。简单明了的故事情节降低了网民的认知障碍，清新自然的画面风格配上轻柔治愈的背景音乐，同期声带来了身临其境之感，这在一定程度上消减了语言带来的跨文化理解障碍。

在文化层面，李子柒的美食短视频把海外网民引向对中国文化的深层理解。通过对评论文本的梳理和分析发现，海外网民对中国文化的价值认同主要体现在三个方面。第一，人与自然和谐相处的中国文化理念在互动中得到理解，比如“我最欣赏的是你对自然的展示以及人类与自然的互动。四季更迭，食物的种植与收割以及将大自然的恩赐变成我们的日常食物。这就是我想要生活的方式”（网友 SPESHUL）。第二，围绕家庭伦理展开互动。李子柒的美食视频大多以日常叙事的视角来讲述美食的制作,一切活动在“家”这个意义空间里展开。其中,李子柒和奶奶是主要人物,两人的互动,如李子柒给奶奶做衣服、给奶奶做饭等是故事情节的重要构成部分。在观看李子柒和奶奶亲密相处的情节时,不少跨文化受众调动了自身的情感记忆,在移情式体验中产生了情感共鸣。第三,李子柒的美食视频呈现了“重视传统,传承技艺”的时间价值取向,这也成为海外网民理解中国文化的重要维度。比如“无论视频是否经过精心编排,我都不在乎。我真的很喜欢看到传统的生活方式。我们谈论现代化时,似乎认为我们比以前的人过得更好。但我希望我能回到过去,它比快节奏的电子时代更加理性和健康。我们可以认真地去准备一顿饭,不用担心之后要不要去健身房,这对我来说更有意义。感谢你展示了传统生活方式的美好”(网友 RM J)。

与此同时,“中国人吃狗肉”“中国人食用野生动物”构成了一部分海外网民的认知偏见,偏离互惠性理解。事实上,在李子柒的美食短视频中,并没有相关的内容出现,但是部分网民还是基于个体的思维定式,对中国人食用野生动物、食用狗肉进行了批判。比如“你也吃小狗吗?我最近听说中国人吃活的动物,猫、狗、蝙蝠和蛇”(网友 tina t)。也有素食主义者的排他式理解:“我不理解她为什么在视频中食用动物?这让我感觉很恶心!我们永远不能吃我们的朋友!动物是我的朋友。因此,我坚持食用蔬菜和豆类。”(网友 Christina Hees)但是,观看者借助于短视频的社交性和互动性,形成了互相答疑解惑的社群,以及多层次的对话,得以跨越认知偏见与情感障碍,通向多元文化的连接。

案例 2

传统文化与全球文化的碰撞与融通:《哪吒之魔童降世》现象分析

《哪吒之魔童降世》(后文简称《哪吒》)是首部国产 IMAX 动画电影,于 2019 年 7 月 26 日在中国内地上映。作为目前国产动画电影的巅峰之作,《哪吒》在国内以及国际上创造了多项历史新纪录。根据权威数据,截至 2019 年 10 月 11 日下映前,《哪吒》内地累计总票房为 49.7 亿,是中国影史票房最高的动画电影。同时,它还超过《超人总动员 2》在北美创下的 6.0858 亿美元纪录,成为全球单一市场票房最高的动画电影。[①]《哪吒》以《封神演义》中哪吒的传统神话故事为创作基调,讲述了哪吒虽"生而为魔"却"逆天而行斗到底"的成长经历。近几年,中国传统神话故事成为优秀动画电影赖以生存的肥沃土壤,如《大圣归来》取材于神话小说《西游记》,《大鱼海棠》的创意融合了《搜神记》《庄子·逍遥游》和《山海经》等多部古书的内容。[②] 民族传统故事本身传播广泛,文本的熟悉性所带来的语义明确以及话语系统的简洁,有助于受众的理解与认同,以此作为改编基础无疑有助于快速抓住一部分原著的潜在观众。[③] 此外,《哪吒》还汲取了中国传统文化中的营养,如哪吒与敖丙所代表的魔丸与灵珠,就很好地诠释了中国传统文化中阴阳共生、平衡包容的概念。

除了对传统神话的改编和对传统文化的再演绎之外,《哪吒》的成功还

---

① 人民网. 恭喜!《哪吒》成全球单一市场票房最高动画电影[EB/OL]. (2019-11-13)[2020-06-10]. http://hb.people.com.cn/n2/2019/1113/c370738-33536880.html.

② 赵洋. 神性重建与传统回归:当下神话题材类国产动画的叙事策略[J]. 当代动画,2018(2):7.

③ 潘路路. 从传统民族文本到现代影像改编——《哪吒之魔童降世》的时代创新[J]. 中国文艺评论,2019(9):13.

离不开与全球文化的融通。首先,在全球动画电影市场中,《怪物史莱克》《卑鄙的我》等“另类风格”的角色出现在观众的视野中。这些角色被赋予了叛逆、顽劣、暴躁、搞怪等被视为“负面”的性格元素,带给角色多元化的性格特质,并成功开辟出了一片市场空间。[①]《哪吒》中的角色形象设计以此为鉴,进行了创造性的改变。传统神话故事中哪吒的形象活泼可爱、善良勇敢,《哪吒》虽保留了传统神话中的乾坤圈、混天绫、火尖枪等标志性配饰,但哪吒从一开场便充满了妖邪之气,他外表相对丑陋,单衣光脚,梳着两团发髻,双眼蒙着黑眼圈,走路双手插兜,龇牙咧嘴,吊儿郎当,嘴里不停念叨着打油诗“我是小妖怪,逍遥又自在。杀人不眨眼,吃人不放盐”[②]。对传统人物形象的重构使得观众从固有的印象中跳脱出来,极大地提升了新鲜感,消除了传统与现代之间的审美隔阂,让观众更易受感染。其次,以好莱坞为代表的文化产业大都致力于文化产品的去语境化生产,从而减少文化折扣,以求保证最大化地获取注意力并最终变现。[③]《哪吒》聚焦于不同文化背景的受众都可以理解的个体的自我抗争过程,从而引起更多的情感共鸣。

虽然在国内广受好评,但是《哪吒》的海外传播并非一帆风顺。当《哪吒》被选中代表中国内地参选 2020 年第 92 届奥斯卡最佳国际影片(原最佳外语片)后,伴随而来的第一条微博热搜竟然是“哪吒如何翻译”的话题。如,“魔丸”被翻译成了“demon pill”;“急急如律令”的美版翻译是“everything listens to me right now”(一切都听我命令),在澳大利亚的翻译

① 巫滨. 反叛与救赎:《哪吒之魔童降世》角色构建策略分析[J]. 河南科技大学学报(社会科学版),2019(5):10.

② 李昂. 陌生化、现代感与集体潜意识——浅析电影《哪吒之魔童降世》的“IP”改编与创新[J].许昌学院学报,2019(6):454.

③ 刘俊,张毓强. 全球借鉴与本土提升:中国动画影片国际传播的新思考——基于《哪吒之魔童降世》的讨论[J]. 对外传播,2019(9):17.

为"be quick to obey my command"（快服从我的命令）；那句非常有气势的"去你个鸟命"的美版翻译和澳版翻译则分别为"forget your fate"(忘记你的命运)和"screw your fate"(滚蛋吧，你的命运)，即便是美国人根据字幕去理解意思，似乎也并不能完全理解语句中的精髓，这些具有中国特色的俚语和基于传统文化背景的专业术语难以用英语完整地表达出来。《哪吒》第一次海外发行采用中文原声加英文字幕的方式，以解决本土化问题，第二次则采用全新的英文配音。而美国人普遍都没有看字幕的习惯，在美国，影视节目的字幕通常是为有听力障碍的人士准备的。[①] 这也导致许多外国网友不能适应字幕，并认为字幕切换的速度过快，影响了自己对电影的理解。此外，在《哪吒》的海外传播过程中，不少海外观众反映该片"看不懂"，比如影片中的各种法术被当成了高科技，神奇的法宝被认作超级武器，如莲花、炼丹、八卦、龙王、中国神仙体系等的意义和意蕴也难以理解，这让《哪吒》的精彩程度大打折扣。

二、认知冲突中的跨文化对话

案例 3

耻化记忆下的文化展演：国宝《祭侄文稿》旅日展览引发争议

2019 年年初，中国台北故宫博物院宣布将颜真卿的《祭侄文稿》出借给日本东京国立博物馆，进行约一个月的展出。对于《祭侄文稿》的旅日展览，民众中反对的声音较大，其主要原因是中日历史创伤记忆与《祭侄文稿》的

---

① 界面.《哪吒》在美国上映了，评价没有国内高[EB/OL].(2019-08-13)[2020-06-10]. http://finance.sina.com.cn/roll/2019-08-30/doc-iicezueu2140662.shtml.

写作背景引发的民族主义情绪。民众因此发出了“真是没有民族气节”“外借国宝就是政治献媚”等评论。

在台湾2019年底播出的一档政论节目《夜问打权》中,女主持黄智贤在评论此事时相当激动。她甚至对着镜头质问道:“我们是日本的奴隶吗?人家要什么我们就给什么吗?可不可以不要给呢?”内地很多主流媒体也报道了由这一事件引发的争议,比如《光明日报》的《光明时评:〈祭侄文稿〉为何不宜“出走”》、澎湃新闻的《台北藏颜真卿〈祭侄文稿〉借展日本合适吗?》等,在一定程度上引导了舆论,使得反对的声音越来越大,且使得民众的民族主义情绪不断高涨。

有些民众甚至表达出了震惊、愤怒等强烈的情绪,在一定程度上出现了“群体极化”的现象。而公众情绪爆发的根源在于民族记忆,再加上网友们各种形式的评论,比如有人就为此事件写了一首古风歌曲《梦里长安——为〈祭侄文稿〉前往日本展出而作》,大范围唤起了人们的民族记忆。民众讨论中体现的民族记忆主要包含两方面的内容:一方面,历史上的中日关系使得我国民众有着深刻的战争耻辱记忆,这就会使民众在对日本进行文化输出的时候保持谨慎和排外的态度;另一方面,《祭侄文稿》本身极具特殊性,其承载着一段民族记忆:公元756年,安史之乱的爆发使得唐朝由盛而衰,杜甫有诗言尽战乱之时人们流离失所,无家可归。时颜真卿从其兄颜杲卿与第三子颜季明联合反抗安禄山,然贼臣拥兵不救,颜杲卿孤军奋战,苦战三日,弹尽粮绝,那一战,“颜氏一门死于刀锯者三十余人,其状惨绝人寰”。两年后,颜真卿仅找到了侄子颜季明的头骨和颜杲卿的部分尸骨,正是在这种极度悲愤的情绪之下,他写就了《祭侄文稿》。满是涂改的凌乱草稿,用笔雄健而富有变化,足见其英风正骨之气,遒劲郁勃。所以,《祭侄文稿》不仅仅是一件文物,更是颜真卿民族气节的体现。这一段民族记忆让民众感荡于怀，激发起人们对文物的保护欲，不允许它受到一丁点儿伤害和侮辱，也不愿它被外借到日本展出。

因此，民众就会有“真是没有民族气节”“外借国宝就是政治献媚”等评论。比如网民“@正版落书”就表示：“《祭侄文稿》的重点不只在于它是天下第二行书，还是颜真卿以身以血以身保家国护河山的气节，是安史之乱时，整个大唐将军的热血军魂！‘一人一肩一天下，一城一池一盛世！’这样一篇作品，就这样草率地被送到了日本，成为某些人曲意逢迎的政治手段！是！没错！潼关已经失守，长安已经溃败！国之将亡，将星陨落，山河飘零……那个哪怕即将毁灭也有人死守有人死忠的盛世早已冷寂沉默至消亡……可是，可是，总有一些东西，不应该丢弃，不是吗？不是吗！”还有“@JyotiHan77”也认为：“第一次知道《祭侄文稿》是在历史书上，情感充沛到渗出纸面，向人喷涌而来。如今台方却要将这天下第二行书，郑重加盖上‘子孙保之’字样的书圣真迹‘借’往日本，关心文博的人不会忘记越王勾践剑上的刮痕，秦兵马俑断裂的手指，和六年前同样在日本被强光照射受损的东坡《寒食帖》，桩桩件件，都在表述这件文物的不可轻易外展，如今却暗自借出，在日本打了两个月广告却不敢在台湾声张半句，叫人如何放心！”

《祭侄文稿》旅日展览引发的一系列争议反映了耻化记忆是文化输出中一个敏感复杂的问题。文化输出本可以传播中国文化，讲好中国故事，提升中国的国际影响力和政治地位，实现文化的交流互动；但是当文化输出遇到耻化记忆问题之时，民族主义情绪会被激起，再加上掺杂了政治、利益等因素，文化输出就会遭到质疑，从而陷入尴尬的境地。除了《祭侄文稿》本身蕴含的家国情怀和民族精神，更深层次的原因是这次事件涉及了中国大陆、中国台湾和日本这三方，三者之间的关系本就比较敏感，其中还存在着历史遗留问题，所以这一事件也引发了不少对于政治动机的猜测；另外，这其中还包含着战争期间的耻化记忆,更容易激起民族主义情绪。从中我们可以看出,历史中的文化资源和革命资源塑造了民众的民族主义情绪。①

在文化输出的过程中,本民族的耻化记忆可能会激发出民族主义情绪,但只要在文化输出的过程中得到其他民族足够的尊重和重视,我们就应该积极进行文化输出。对于《祭侄文稿》在日展出这一事件,我们要提高自身的包容度,摒弃刻板印象和偏见,不能因为历史遗留问题禁止交流活动,只要对方给予文物严格的保护,对展出也十分重视,文化输出活动是可以提倡的。再珍贵的文物,只要不是过于频繁地展览,加上合适的休整期和保护,通常是应适当做展览的。在做好保护的前提下,合理利用文物,才能真正发挥它们的文化、教育等价值。况且在现代社会中,我们更关注的不是它们背负的矛盾与包袱,而是对于国家、地区和世界文化传承与发展的意义。当它们在国内国外展出,就天然具有了讲述中国历史文化故事的功能。所以我们需要在进行文化输出、促成跨文化传播、实现文化交流的过程中建立并保持友好的国际关系。

三、跨国新闻事件中的他者与自我

案例 4

政治冲突语境下网络球迷文化群体的面子修复:NBA辱华事件的讨论

2019年10月5日,NBA火箭队的总经理莫雷(Daryl Morey)在Twitter上发布涉港不当言论,伤害了中国球迷的感情。在10月10日的NBA上海赛开始之前,面对中国外交部发言人的谴责,NBA总裁肖华不但没有公开

---

① 袁光锋.感受他人的"痛苦":"底层"痛苦、公共表达与"同情"的政治[J].传播与社会学刊,2017(40):203-236.

道歉，还数次发表声明，称其支持莫雷的“言论自由权利”。NBA 高层的表态激起了国内民众的愤怒，一些球迷在网络上发布了自己撕球票、烧票的视频和情绪激动的言论。随着舆论持续升温，事件开始受到 NBA 球迷之外的群体的关注，一些很少关注篮球话题的普通网民也加入到声讨 NBA 的阵营之中，网上大有全民抵制 NBA 之势。许多网民在微博、知乎、豆瓣等国内互联网平台上发声，要求 NBA 以及莫雷本人就此事做出道歉。央视宣布暂停转播 NBA 球赛，VIVO、腾讯体育、咪咕视频等多家企业决定终止与 NBA 的合作。时任外交部发言人耿爽表示，“NBA 与中方展开交流合作，却不了解中国的民意是行不通的”。网络上抵制 NBA 球赛的呼声甚高。

一时间，在受到外网铺天盖地的嘲讽和对球迷同胞的行为感到失望的双重刺激之下，国内网民中有很多人感觉到自己的国民面子遭受了重创。在分析非球迷用户的语料时笔者发现，很多非球迷网民使用了诸如“丢脸”“瞧不起”“恨铁不成钢”“失去尊严”“失望”一类的词句来表达情绪。NBA 上海赛事件对国民形象和国家尊严造成了实质性损害，NBA 球迷的行为成为外网嘲笑国人的把柄，让国民面子深深受挫。外网的负面评价、外媒的嘲讽，以及国内网友发帖时表露出的激动情绪，都充分佐证了这一点。

为了找回心理平衡、挽回国民面子，网民对当晚去现场观赛的球迷们展开了激烈的批判，甚至对整个 NBA 球迷群体都展开了言语攻击。

可以说，此次 NBA 事件中球迷与普通网民双方的论战如此激烈，与国民面子和尊严遭受沉重打击密切相关。普通网民由于国民自尊受到损伤，出于报复和发泄的心理，转而对球迷的面子进行了打击，试图用此方式将面子被损的痛苦嫁接到球迷群体上，从而缓解面子损伤带来的负面情绪和心理压力。而作为被众网民“集火”的对象，NBA 球迷被打上负面的标签。网民大量使用“自私”“没骨气”“跪族”“崇洋媚外”一类的词语来概括形容整个

NBA 球迷群体,还起了“跪族篮孩”“NBA 软男”等各种带有污蔑性质的称呼,将球迷群体置于道德低地。

在 10 月 10 日球赛前全网抵制 NBA 的潮流之下,部分球迷依旧前往现场观赛,这种行为违背了大多数人民的意愿,与长久以来形成的爱国主义思想和集体主义文化背道而驰,因而受到主流话语的谴责。NBA 球迷正是因此才在道德层面陷入了低人一等的境地,丢失了面子。活跃在互联网平台的 NBA 球迷群体形成了规模庞大的网络球迷文化。NBA 是由北美 30 支职业球队组成的男子职业篮球联盟,内有大批篮球明星运动员,因此,NBA 球迷群体的构成也十分复杂,内部又可以细分为每个球星个人的粉丝、各支球队的粉丝、普通的看球观众等多个类别。[①] 球迷们通常围绕着自己崇拜的球星、球队或感兴趣的赛事而聚集成群,主要进行的活动包括观看 NBA 球赛,浏览和讨论球星、球队以及赛事活动的相关新闻,等等。微博上的 NBA 球迷通过平台特有的关注和转发等机制进行群体内的信息交流活动,他们在个人主页表达观点、在热门体育博主的评论区内展开交流,由此接触到其他志同道合的球迷,由浅入深地融入球迷群体之中,有的还会聚集在球迷群内,在共同的球迷爱好的基础上展开更加深层次的社会交往。

在此次 NBA 事件中,微博网民通过向球迷发泄情绪的方式弥补丢失面子所带来的心理失衡,球迷则承受着双重的面子打击。论争双方所使用的种种面子策略以及互相之间的言语对抗,实则是通过向对方转嫁负面情绪和心理压力的方式来减缓自身面子受损所承受的痛苦。

① 刘玉华. 中美篮球文化的差异与中国篮球的发展[J]. 体育文化导刊,2004(8):37-38.

案例 5

他者展现与自我表达：BBC对英国“死亡货车”事件的报道分析

2019年10月23日，英国埃塞克斯郡工业园一辆货车的集装箱内发现了39具尸体，遇难者的死亡原因是密闭空间中缺氧窒息以及体温过高。[①]该事件被称为英国“死亡货车”事件。这辆货车从比利时 Zeebrugge 港口行至英国埃塞克斯的 Purfleet。货车司机被确认来自北爱尔兰。调查由英国埃塞克斯警方主导，涉及英国、比利时、爱尔兰和越南当局。包括两名货车司机在内的五人被指控为故意杀人罪，另有数人被捕。10月28日，涉事司机莫里斯·鲁宾逊出庭受审。他因过失杀人罪以及共谋贩运人口、协助非法移民偷渡和洗钱等39项罪行被控诉。[②] 最初，英国警方表示死者都是中国公民，中国驻伦敦大使馆派遣官员协助身份确认。11月1日，英国埃塞克斯郡的警方发表声明，表示埃塞克斯集装箱惨案的39名遇难者全部为越南籍。一名26岁的越南遇难者家属说，他们花了大约3万英镑将其女儿从越南偷运到英国。[③] 11月7日，所有死者已被正式确认。11月8日，警方公布了全部越南遇难者的姓名、年龄和家乡。该事件引起了全球范围的轰动，触

---

① PELTIER E，SPECIA M. 39 bodies found in truck in U.K.; police seek to retrace fatal journey[N/OL]. The New York Times，2019-10-23[2020-06-10]. http://www.nytimes.com/2019/10/23/world/europe/bodies-found-truck-essex.html.

② Essex lorry deaths: driver charged with 39 counts of manslaughter and conspiracy to traffic people[N/OL]. The Telegraph，2019-10-26[2020-06-10]. https://www.telegraph.co.uk/news/2019/10/26/essex-lorry-deaths-dirver-charged-39-counts-manslaghterconspiracy/.

③ SOUTHWORTH P，SAWER P. Migrants buy “VIP tickets” to Britain to work on cannabis farms and nail bars，human trafficking expert claims[N/OL]. The Telegraph，2019-10-26[2020-06-10]. https://www.telegraph.co.uk/news/2019/10/26/migrants-buy-vip-rickets-britain-work-cannabis-frams-nail-bars/.

及了非法移民和人口走私这一国际热点问题。英国广播公司(BBC)等众多国际媒体对此进行了大篇幅的追踪报道。

BBC对埃塞克斯货车死亡案的65篇报道中,主要议程是对案发原因的追踪,一共20篇报道。把越南遇难者作为主要报道对象的新闻一共17篇,主要内容一是确认越南遇难者的个人信息,二是讲述越南遇难者及其家庭的悲惨经历。值得注意的是,以英国政府与警察作为报道对象的文章将近四分之一,记者着力描写英国警察在破案过程中起到的重要作用。笔者认为,在该事件报道中,警方应该作为重点消息来源而不是重点报道对象。但在BBC的报道中,英国警方是以新闻报道的主角呈现的,体现了BBC在报道他国灾难事件中的自我意识和优越感,以及展现本国良好形象的意愿。

在这65篇文章的信息来源中,只含有英国单一信息来源的新闻文章占比过半。由于埃塞克斯货车死亡案的遇难者都是越南人,越南方的信源更加贴近现场,因此,采用越南方的信息显然更具有本土性的说服力。英国警方对越南遇难者的定义如何,BBC便如何报道,有失公允。这样的信源引用同样体现了BBC在报道越南灾难事件中的自我主体意识,显现出BBC对事实解释权的垄断。65篇报道的体裁以消息为主,特稿为辅,特稿重点展现越南遇难者的悲剧经历和英国警方的作为。叙述视角以记者全知型视角为主,一方面体现了BBC对事件解释权的掌控;另一方面,记者以自己的视角编辑文章的过程即表征的过程,体现了BBC记者对意义生产的垄断。由于是灾难事件,新闻报道的情感倾向以负面和中性情感为主。BBC掌握事实的解释权,同时展现了英国警方“专业”“严谨”“正义”的形象。在报道越南遇难者经历的文章中,BBC记者用情感形容词和直接引用的情绪化语言渲染越南遇难者的贫穷、悲惨与对法律的漠视,体现了其对内外群体成员的不同报道策略。

由此可见，由于国际性权威媒体对事实信息的掌控与垄断，信息的自由客观传播是受限的。西方主流媒体对信息传播的垄断不利于跨文化传播的有效实现。长此以往，不同文化间的刻板印象势必固化，不同文化间的认知冲突势必加剧，这不利于国际信息传播新秩序的建立。

四、流行文化的跨文化传播

案例 6

同源性流行文化的跨国传播：《陈情令》泰国热播

2019 年夏季，一部由耽美小说《魔道祖师》改编的网络剧《陈情令》在国内市场引起热潮，获得了巨大的商业收益和社会关注，并成功走出国门，在泰国、越南、韩国等国家收获不少粉丝。尤其在泰国，《陈情令》及相关演员多次登上 Twitter 的"泰国趋势"，因人气火爆，《陈情令》剧方还在泰国多次举办粉丝见面会。这一案例是近年来中国流行文化产业发展的一个突出代表，也是中国流行文化产品跨国传播的成功案例。不同于以往的出海文化产品，《陈情令》是一部由耽美小说改编而成的网络剧，其在泰国的流行，与其依托的耽美文化和泰国的 wai 文化具有同源性息息相关。中国的耽美文化与泰国的 wai 文化都源自日本的 yaoi[①] 文化。yaoi 文化起源于 20 世纪 70 年代的日本漫画产业，更广泛地被称为 Boys Love(常缩写为 BL)，是一种面向异性恋女性受众的日本流行文化类型，专注于 bishōnen(美少年)之间的

① "yaoi"是日语"yama nashi，ochi nashi，imi nashi"的缩写，意为"无高潮、无主旨、无意义"。

浪漫关系。[①]

在中国，yaoi 文化在 20 世纪 90 年代初期随着日本动漫涌入中国市场，但中国本土的耽美文化则是从 20 世纪 90 年代中后期开始发展的。当时中国大陆互联网逐渐普及，yaoi 文化（在中国大陆称为耽美文化）网络社区开始出现和扩散。随着耽美文化以其强有力的粉丝经济能动性不断吸引文化产业的注意，耽美文化迅速产业化发展，主要表现为基于小说 IP 的影视化开发。比如在中国，“网络耽改剧”[②]正在成为新兴的热门影视类型，近年来爆火的网络剧《上瘾》《镇魂》《陈情令》皆由热门耽美小说改编而来，数量庞大的腐女群体成为耽改影视剧的“数字劳工”并创造了巨大的热度和经济收益，目前已确定有 59 部耽美小说已经或待改编为网络剧[③]，可见耽美文化已经成为中国文化产业的蓝海。在泰国，yaoi 文化随着日本 J-POP 和“韩流”（韩国流行文化）的泛亚洲流行而传入，其中，日本 yaoi 文化对泰国粉丝的影响最为深远，yaoi 在泰国被音译为 wai，并通常缩写为字母 y。[④] wai 代表一种被驯化的 yaoi 文化媒体形式，已适应了泰国的媒体景观[⑤]，并在近年来开始产业化发展，比如系列剧 *Lovesick*（2014）是泰国第一部完整的 yaoi 小说

---

① MCLELLAND M，WELKER J. An introduction to “boys love” in Japan[M]//MCLELLAND M, NAGAIKE K, SUGANUMA K, et al. Boys love manga and beyond: history, culture, and community in Japan. Jackson: University of Mississippi Press, 2015:3-20.

② 网络耽改剧是由网络媒体公司投资拍摄或自制的，在原创耽美作品的基础上改编而成的影视作品。

③ 林尊一. 浅析网络耽改剧的营销策略[J]. 视听，2020(1):60-61.

④ NATTHANAI P. The yaoi phenomenon in Thailand and fan/industry interaction[J]. A philippine journal of communication, media, and society, 2019,16(2):63-89.

⑤ BAUDINETTE T. Lovesick, the series: adapting Japanese “boys love” to Thailand and the creation of a new genre of queer media[J]. South East Asia research, 2019,27(2):115-132.

改编的影视剧，其火爆打开了泰国 yaoi 小说影视化改编的大门[①]，在中国等其他国家和地区也吸引了不少受众。可见，从文化角度而言，无论是中国的耽美文化，还是泰国的 wai 文化，这些在各自国家发展的 yaoi 亚文化分支，基于其在文化上的同源性、国内亚文化产业化的发展，以及互联网技术的进步，得以跨越国家边界并在一定程度上泛亚洲流行。

从跨国媒体粉丝理论角度而言，Chin & Morimoto 基于 Hills 的“跨文化同源性”理论提出的“跨文化粉丝”(transcultural fandom)理论有助于研究文化产品的跨国传播，她们认为“跨文化粉丝源自于两种或两种以上流行文化背景之间产业/符号学实践的密切关系”，这种密切关系会激发粉丝对跨国媒体的情感亲和力[②]。以《陈情令》为例，泰国本土渐趋成熟的 wai 文化产业为《陈情令》的跨国传播提供了良好的文化土壤和受众群体，泰国粉丝对《陈情令》的接受与喜爱首先源于他们对《陈情令》产生的主观上的情感亲近感，而这种亲近感源于《陈情令》与他们日常所消费的流行文化之间的同源性。同时，在泰国，《陈情令》粉丝群体的消费对象主要为影视源文本与真人关系的复合文本。《陈情令》中魏无羡和蓝忘机两个男主角相互扶持、彼此信赖的情谊是其中一部分粉丝喜爱这部电视剧的重要原因。另外，与国内粉丝群体一样，很多泰国粉丝对剧中角色关系的关注也延伸转移至现实生活中，即两位男主演的互动关系，这意味着即使粉丝看完《陈情令》，也会

---

① SINGHAKOWINTA J. Thot pha khai rang nai lakhon sao wai [Undressed body for sale in yaoi series][M]//DUANGWISET N. Muea rang klai pen phet: amnat seri niyom mai khong phet withi nai sangkhom Thai [When the body turns into sexuality: the Neo-liberal power of sexuality in the Thai society]. Bangkok: Princess Maha Chakri Sirindhorn Anthropology Centre, 2017:150-186.

② CHIN B, MORIMOTO L H. Towards a theory of transcultural fandom[J]. Participations, 2013,10(1):92-108.

继续关注电视剧的两位主演，这在一定程度上延长了源文本的传播周期，强化了粉丝黏性。

总之，泰国粉丝对 yaoi 亚文化及 yaoi 文化产品类型产生的情感亲近感是他们接受并喜爱《陈情令》的主要文化因素，这种跨文化亲近感源于中泰两种亚文化的同源性以及流行文化产业的相似性。另外，文化企业的跨国商业发展和 Twitter 等互联网沟通平台也是《陈情令》跨国传播的重要因素。当然，《陈情令》在泰国的跨国传播与其本身的作品质量和所蕴含的独特中国文化也必然存在重要联系，这有待从文本本身的角度进一步分析。

案例 7

粉丝文化的参与鸿沟：周杰伦与蔡徐坤的粉丝打榜事件

2019 年 7 月 16 日，一名用户在豆瓣上发表了题为《周杰伦微博数据那么差，为什么演唱会门票还难买啊》的帖子。在帖子中，该用户表示，周杰伦的超话排不上名次、官宣代言的微博转发都没破万，以此质疑周杰伦的粉丝数量，该言论迅速引发热议。于是，周杰伦的粉丝“杰迷”开始在微博上以超话明星排行榜榜首为目标打榜，后与当时超话榜首明星蔡徐坤的粉丝 iKun 进行了较量，最终周杰伦超话社区于 2019 年 7 月 21 日 23：10 分登顶明星超话排行榜榜首，并且成为首个影响力超过 1 亿的明星超话社区。于 2000 年出道的周杰伦依托电视媒介走入大众视野，媒介主导了粉丝的参与行为，他们更多地通过个人行为表达情感。蔡徐坤则是养成于移动互联网时代的“养成系偶像”，即还在培训包装的过程中便通过网络曝光进行粉丝积累的艺人[①]。“养成系”偶像由于情感寄托和深度参与而与粉丝的关系更加亲密。

① 朱丽丽，韩怡辰．拟态亲密关系：一项关于养成系偶像粉丝社群的新观察——以 TFBoys 个案为例[J].当代传播，2017(6)：72-76.

与传统的粉丝不同，当今的粉丝更加强调表达和行动。在新媒介技术的支撑下，粉丝文化的表达形式融合了多种符号表达形态、多元传播渠道和多元的叙事主体，演变为更加丰富的多媒体叙事方式。

亨利·詹金斯（Henry Jenkins）等人在探讨网络时代的参与式文化时，关注到不同群体因为社会经历和背景等差异造成参与类型的差异，参与类型描述的是人们使用媒体的方式及其风格和规则，这些规则和惯例被嵌入媒体中，并在特定的时间背景下被演绎出来，所以它们并不是完全由媒体类型所决定的，还与使用技能以及粉丝在社会权力结构中所处的位置息息相关。[①] 在这场发生于社交媒体的较量中，周杰伦的粉丝和蔡徐坤的粉丝，以及参与其中的路人都是现有文化类型的一部分，他们由于背景、经历、心理等各方面的差异而呈现出不同的文化样态。参与类型取决于受众对媒介文本的理解，偶像也是文本的一部分，并非所有人都能参与到任意一种类型中，但是参与型社群鼓励通过学习进行实践与共享。

在此次超话大战期间，微博话题＃大型夕阳红团建现场＃登上热搜榜，“杰迷”带着“夕阳红”的标签出现在大众视野中，他们以中老年人自称，并通过话语实践不断加强群体内成员的身份认同。而在 iKun 的话语中，周杰伦被以“过气歌手”代称，而蔡徐坤则是“当红新人”，这是对双方偶像的年龄差距的判断，也在一定程度上映射出对双方粉丝群体的认知。此事件虽起源于豆瓣，但是真正的较量发生于微博平台上的超话社区。在这场声势浩大的较量中，“杰迷”以“中老年人”的形象走入大众视野，大众对这个群体的认知首先是年龄较普遍意义上的粉丝偏大，其次是他们在过程中展现出对移动互联网背景下的应援方式无所适从的“作战”风格。他们以文字和表情包

---

① 詹金斯，伊藤瑞子，博伊德. 参与的胜利：网络时代的参与文化[M]. 高芳芳，译. 杭州：浙江大学出版社，2017：61-62.

等形式充分展现自身的弱势,制作的表情包多以老年人拿着小灵通、翻盖手机或者笔记本电脑学习打榜规则为形象主体,充满调侃的意味。他们通过戏谑自嘲的方式来展示自我境遇,其作为粉丝积极参与的情景已然不符合当下的媒介环境,从而被迫以不擅长的方式进行对抗;同时通过揶揄的表达进行群体区分,在一定程度上消解了当下“流量为王”商业逻辑的绝对性,但同时也隐藏着此群体对于认同的向往。而蔡徐坤的粉丝 iKun 虽然被动应战,但是由于群体本身成长于流量经济生态下,深谙数据运行规则,展现出训练有素、经验丰富的整体特征,以至于此次超话之争还被称为“人机大战”,“机”体现出蔡徐坤的粉丝在做数据方面如机器般强大的战斗力与势在必得的参与风格。

从电视媒介到互联网再到智能媒介,粉丝参与式文化的形式与内涵也随之变迁,与文化运动相关的每一代人,甚至在同一家庭内部,其文化实践都是基于不同的流行媒介的。[①] 于“杰迷”而言,他们并不常以粉丝的身份出现在微博等平台上,就连这次事件,很多粉丝也是“在朋友圈看到很多人在转”(@李琪 Layla)才知道。周杰伦在电视媒介时代为人们所熟知,当时互联网并未普及,粉丝与偶像仅仅通过音乐连接,粉丝的内容生产更多是线下文本实践,然后基于人际关系传播与分享。蔡徐坤养成于移动互联网时代,其粉丝从各个数据维度向大众推荐蔡徐坤,微博成为粉丝参与内容生产的主要平台,在任何品牌、官方账号或媒体发布的与蔡徐坤相关的作品和活动信息下面,都是粉丝整齐划一的控评言论。所谓控评就是控制评论走向,让好的评论展现在前列。在双方较量时,蔡徐坤超话的影响力有段时间始终超过周杰伦超话 10W,iKun 凭借严密的组织控制着较量的主动权。不仅如

① 詹金斯,伊藤瑞子,博伊德. 参与的胜利:网络时代的参与文化[M]. 高芳芳,译. 杭州:浙江大学出版社,2017:19.

此，相较于周杰伦超话中每条微博下寥寥无几的评论，iKun在蔡徐坤超话中互帮互助，许多微博下都有过百的评论，并且呈现出类似于复制粘贴效果的统一风格。他们形成了规模化、结构化的组织，以及相应的群体规范，并且在独有的话语体系内协作对外。

周杰伦和蔡徐坤是处于不同时代的偶像，两代粉丝群体冲突的实质并非参与方式的不同，而是背后隐含的代际心理之间的差异。双方基于不同类型的文本实现参与，“杰迷”关注作品，iKun关注数据，超话大战以非粉丝群体加入并帮助“杰迷”通过数据取胜告终，而iKun亦表示会将关注的重心转移至作品，象征着对对方文化内涵的吸收，表明相异文化之间需要的不是抵抗，而是互相理解。此次超话大战形成的狂欢是对现实的批判，其内核是个体的自由和文化的多样，只有在理性与非理性保持平衡的抗争中，才能激发亚文化理智且活泼的生长力。

五、性别文化表达的话语变迁

案例8

互文本的男性气质表达：网络流行语“明言明语”探析

2019年，芒果TV热门综艺《中餐厅》第三季突然爆火，店长黄晓明的霸道语录便成为流行，关于黄晓明“不要你觉得，要我觉得”“你们不要闹了”“都听我的”的言论成为年度流行话题的梗。节目每一期的播出，关于黄晓明的“明学”言论都会出现在各大热搜榜单之上，“明言明语”作为一种全新的话语体系，多次引起社会话题讨论。网友们通过社交媒体对其进行“整理与创作”，形成了所谓的“明言明语”，再通过微博、豆瓣等进行传播，最终形成完整的“生产与传播”链条,而“明语”表情包这一类研究成果,也随着研究的不断扩展进入开发期。在大众参与度颇高的哔哩哔哩弹幕网,以弹幕发射的方式展示的大规模明语,则将“明学”推入应用语言学范畴,形成大规模的二次传播与发酵。以此为标志,“明学”有了和另一门大众显学——“六学”平起平坐的学术地位。

“明学”无处不在的另一个表现在于网友对“明学”的再生产,即在不同场景下,将“明学”重新编码为各种语义进行二次传播,并且具有很强的普适性。这些场景既包括政治性事件,例如中国青年在香港高举“我不要你觉得,我要我觉得,香港就是中国的,都听我的”的标语,借助网络语言义正词严地宣示主权,取得了良好的传播效果;也包括人际社交环境,例如现在网络上很多视频将“明学”的梗运用到跟男朋友的相处、跟父母的娱乐式反抗之中;就连学校也开始利用“明学”借势宣传,高中电子屏惊现“明言明语”:“听我的,作业不是问题!”除此之外,央视都玩起了“明学”梗,主持界的段子手朱广权为自己的节目《机智过人》打广告时,就运用了“明学”的梗:“智能卡车的厉害,不光我觉得,还要你觉得,S弯道觉得它应付不了,可闪弯腾挪我觉得刚刚好。”由此看来,进入公共领域的“明学”,在各类传播者的解码、编码、再编码的过程中,形成了无所不在的传播态势,并且在各个场景的互动响应中取得了很好的传播效果。

同时,充满“霸道总裁”味道的话语体系也作为一种符号与景观在被消费。在父权制中,女性被建构为男性“窥视”的对象,然而近几年,中国电视娱乐节目中的男性气质开启了对男性景观式符号化的消费,以期获得女性的欢迎,在相互窥视的满足中获得一种虚假的平等。这种平等建立在互相消费的基础之上。就像戴尔所指出的,用社会符号学研究明星,明星的成功与其说是荧屏内角色塑造的成功，不如说是互文本的产物。[①] 黄晓明的形象作为互文本的产物，其所承载的是有限复杂的多重含义。在综艺节目《中餐厅》中，他既是决策果断的中餐厅店长，又是协调全员、关爱晚辈的晓明哥，更是造型满分“slay全场”的黄教主。他对男性气质的塑造，既维护了传统男性支配形象的展现，又包含对男性形象的消费，以及对“新男人”形象的传达。例如：

“全场散发出全场我最帅的霸道总裁味道，爱了。”（@瓜哥娱乐）

“每一套Look都好看，黄总代言的衣服必买。”（@叶无趣YY）

“买，什么都可以买！四字纲领要记下，明手遮天，明揽大权，明令禁止，新时期的好男人。”（@Augenstern.v）

在这场狂欢中，备受诟病的“霸道总裁综合征”，也往往与“男性气质”的社会期待密不可分。与“性别”一样，男性气质也是社会建构的产物。男性气质研究的著名学者瑞文·康奈尔将男性气质分为支配性男性气质、从属性男性气质、共谋性男性气质和边缘性男性气质四种类型。其中，支配性男性气质在男权制下最具合法性，意味着男性的统治地位和女性的从属地位，主要包含了理性、男权、暴力、财富、征服等精神内核。[②]

在前期讨论中，网民总体的情绪较为负面。“明学”狂欢中很大一部分来自对大男子主义的反感，对武断、专横、容不下他人意见的“霸道总裁”人设的群嘲与批判。还有一部分来自对群体的身份认同和情绪释放，是时代的产物，是人们固执己见、深闭固拒等消极社会心态的镜像反映。基于此，网友对黄晓明在《中餐厅》中的系列不妥言行展开了抨击：

“这个不是段子，晓明还没意识到自己的问题，只认为是别人的段子很

① 李启军. 中国影视明星的符号学研究[D]. 成都：四川大学，2005.

② 康奈尔. 男性气质[M]. 柳莉，等译. 北京：社会科学出版社，2003：74.

好笑,当你遇到这种要相处的,就知道并不好笑。”(@贩售星光)

“我爸就是这样大男子主义,真要气死,从来不会反省,千夫所指都不会自我反省。”(@有趣的灵魂陈)

在后续的讨论中,网民的情绪偏向积极的一面——嘲讽“霸道总裁”的相关话语有所减少,从不认同黄晓明的霸道言行,转变为对黄晓明硬凹霸道总裁人设却实力翻车的哭笑不得:

“我好像听上瘾了,尴尬。”(@诸葛钢铁鸭)

“哈哈哈哈哈可以读 rap 了,跪求明哥出单曲。”(@茶君)[①]

“明言明语”狂欢表达了年轻一代网民“被支配的恐惧”及面对权力的无奈态度,让人重新反思“霸道总裁”气质。这一波“狂欢”在何种程度上可以推动关于霸权男性气质的反思与变革,依然有待观察。

案例 9

“阿中哥哥”:“饭圈”文化下国家形象符号的转变

作为一种新的国家形象符号,“阿中哥哥”产生于“饭圈女孩”于 2019 年 8 月 14 日“团结出征”Instragram,为爱豆“阿中”声援的行动。当时,中国嘻哈歌手 VaVaMiss、张艺兴、王嘉尔等明星艺人针对香港暴乱事件,发布撑警口号“我支持香港警察,你们可以打我了”而遭到香港极端分子的网络暴力和攻击。各明星艺人的粉丝群为了保护和支持自己的爱豆不受攻击和威胁,去其发布的内容下面与香港极端分子进行辩论。随着因撑警而受到攻击的明星艺人越来越多,各粉丝团逐渐成为一致的利益共同体,并衍生出一个共同的“应援”新对象——阿中。“饭圈女孩爆笑怼香港废青”“我们都有一个爱豆,名字叫阿中”“守护全世界最好的阿中”等话题登上微博热搜榜,

① 来源:微博话题“#明言明语#”网友评论。

“阿中”这一祖国的替代性虚拟人物作为“爱豆”就此诞生。“阿中哥哥”的称谓受到了“韩流”偶像文化的影响。“韩流”一词源于围棋，后用以指代韩国文化在其他地区的影响力，狭义的“韩流”通常指韩国电视剧、电影、音乐等娱乐事物的地区性影响。中国的“韩流”形成于20世纪90年代末期，随着韩国电视剧的引入，听韩国劲歌、“追星”等急涌而来。[①] 将自己喜爱的偶像称呼为“哥哥”则来源于韩语的“欧巴”(오빠)。“欧巴”指的是女生对略年长的男性的称呼，除了家庭亲属关系的哥哥指称外，也用于对男性恋人的称呼，含有暧昧、亲密之意。

随着互联网技术与网络社会的发展，追星文化作为一种青少年亚文化逐渐成熟、组织化，并逐渐形成了“饭圈”，即粉丝对自己所属的追星群体的统称，是组织规则、权利义务兼具且明确的圈子。“饭圈”文化即“饭圈”组织的规则及其运作形态。[②]《2019偶像产业及粉丝经济白皮书》显示，在偶像产业中，付费粉丝88%为女性[③]，即“饭圈女孩”为主体。同时，在互联网技术的迭代赋能下，粉丝与偶像的关系被重新定义，粉丝从消费者变为助推者且具备较强的组织力、传播力与造势力，粉丝话语权显著提高，且在双方关系维系中处于主动地位。[④] 正是基于“饭圈”的组织化和“饭圈女孩”的传播力、造势力、运营力，在这场团结出征中，“阿中哥哥”这一新国家形象符号才产生了广泛影响，并有破圈之势。

在“饭圈”文化语境下，产生于香港暴乱事件的“阿中哥哥”是对国家、祖

① 刘宝全. 韩流在中国的传播及其对中韩关系的影响[J]. 当代韩国，2014(1)：71-85.

② 吕鹏，张原. 青少年“饭圈文化”的社会学视角解读[J]. 中国青年研究，2009(5)：64-72.

③ Owhat. 2019偶像产业及粉丝经济白皮书[R/OL].(2019-01-03)[2020-06-10]. https://mp.weixin.qq.com/s/sbxDlkij-toUFYhH0rkYCQ.

④ 社会化营销案例库. 粉丝经济4.0时代白皮书[R/OL].(2019-09-12)[2020-06-10]. http://20180705.h5.admaster.thinkart.cn.

国形象的“爱豆”化，“饭圈女孩”们将中国视为自己的偶像，将平常的应援模式转接到“为祖国发声”，如声讨“对家”和“黑粉”一样声讨与祖国存在利益冲突的第三方，践行着“像爱护爱豆一样爱国”。“阿中哥哥”是爱国主义、民族主义与“饭圈”文化、偶像文化的结合体，如“饭圈女孩”们所建构的“阿中哥哥”形象一般，硬朗的外形、迷彩服以及军械装备意指军人身份，亲吻国旗意指保家卫国等。同时，该形象的帅气、精致等符合偶像标准的外表，则是爱国主义与“饭圈”审美的结合。

一方面，“阿中哥哥”寄寓着网友的爱国情怀、民族自豪感等，在网友的描述中，他们直接将中国的成就、特点以及国家自豪感等情感移植于“阿中哥哥”身上，如“我家爱豆出道几千年，现存最古老文明，超算排行包揽世界第一第二，专利申请世界第一，高铁长度世界第一，航道总长度世界第一，‘中国天眼’FAST 工程世界第一，‘南水北调’世界最大水利工程，‘港珠澳大桥’跨海大桥世界第一长。拒绝糊咖捆绑，请关注 70 周年阅兵军演。哥哥勇敢飞，izhong 永相随”(@花大爷-yu)。另一方面，基于粉丝对偶像养成的主动性特点，“阿中哥哥”在粉丝对爱豆的情感中被弱化为需要保护的“崽崽”，依赖于“粉丝”。如“阿中崽崽才 70 岁，谁都不许欺负他!”(@番茄味的小南强)“保护我方阿中!!!! 哥哥只有我们了!!”(@宝宝巴士专属乘客)“作为一个年龄 70 岁(实际年龄 5000 余岁)的爱豆，这些年经历了不少挫折，就是因为背后有我们这些爱着阿中哥哥的粉丝的支持才会发展得越来越好，每迈过一次坎坷，阿中哥哥就更加强大。”(@豆豆豆小丁 DD)同时，“粉丝民族主义”表达的游戏性也存在于“阿中哥哥”的建构中。如“阿中哥哥好亲切、好可爱呀!!!! 有点憨憨的!!! 可爱!!! 我没点进来的时候还在想阿中是谁呢!”(@扎双马尾的智障)“每天起床第一句/先给阿中打个气/每次进步一毫厘/都要夸他了不起/各国姐妹看看他/宝藏阿中在这里/努力他很努力/有钱有颜有实力/每天起床第一句/先给阿中打个气/每次进步一毫厘/都要夸他了不起/各国姐妹看看他/宝藏阿中在这里/努力他很努力/有才有智又谦虚。”(@十年约定 i)

在多元文化被尊重、包容的今天,国家形象符号从“祖国母亲”到“阿中哥哥”的转变,虽因其“饭圈”文化特性而受到一些抵触,但还是作为网络流行语得到了较广泛的使用及价值认可。“饭圈”文化确实有利有弊,我们应当在尊重文化多样性的前提下,进行正确引导,“阿中哥哥”这一新国家形象符号在青少年爱国教育中或许可成为“祖国母亲”的一种补充和创新。

本文从五个方面寻找案例,来回顾 2019 年的跨文化现象。通过对事件的分析,可以发现,中国传统文化、影视文化受到越来越多的关注,这为中国形象的全球传播、讲好中国故事提供了经验。然而,由于文化价值观差异、技术壁垒和语言障碍、国家间刻板印象、集体记忆等因素,文化在向群体外传递的过程中会打折扣,甚至出现抵抗、反弹的现象。这说明,一种文化在向外输出的时候,应该进行多层次的对话,以跨越认知偏见与情感障碍,通向多元文化的连接。具体而言,在平台的选择方面,既要关注传统媒体,如电视、报纸等,也要善于利用短视频 App、社交平台等较为年轻化的传播渠道,以更为新颖、活泼的方式呈现中国文化的方方面面。在语言方面,尽可能采取多种语言,并准确地翻译,减少信息的模糊性。在涉及民族情感的文化内容输出方面,要兼顾国内民众与海外人民的心态,及时、公开地澄清信息,及时注意民众的负面情绪以及所关心的问题。NBA 辱华事件的讨论体现了论争双方所使用的种种面子策略以及互相之间的言语对抗,实则是通过向对方转嫁负面情绪和心理压力的方式来减缓自身面子受损所承受的痛苦。BBC 对“死亡货车”的报道可以作为新闻文化对比的重要案例,由此折射出不同国家在价值观念、传统文化、报道策略等方面的异同。粉丝、“饭圈”等概念在近年来不断被提出，并且被纳入学术研究领域，粉丝文化的圈层化、面子协商策略、代际冲突与协作等议题为跨文化传播研究注入新的活力。在性别议题方面，本文所涉及的两个事件皆包含对男性气质的探讨，男性气质多元化是近年来全球关注的问题。世界是多元、平等、包容的，唯有在尊重差异与生命的基础上，加强对话与交流，人类的文明才能更好地存续下去。

（编辑：肖劲草）

互联网时代的跨文化传播问题

——第十届“跨文化传播国际学术会议”综述

肖　珺　赵泓阳*

摘　要　人类社会正在面对连接悖论，文化间联系更多地被虚拟化，文化间适应因面对面交流的减少而减弱，值得追问的是：隔着屏幕的交流究竟是提升了跨文化交流的效率，还是增加了人们的疏远感、隔离感与沮丧感？基于此，2019 年 11 月 15 日至 18 日，第十届“跨文化传播国际学术会议”将会议主题确定为“互联网时代的跨文化传播问题”。本文基于会议论文进行归纳与分析，研究发现，会议呈现出三个方面的思考：第一，国际传播等领域已呈现出明显的跨文化转向现象；第二，如何通过跨文化传播保持文化、文化间连接的延续性？第三，中国地域文化、东盟区域文化传播中显现丰富的文化多样性。连接与失联不仅是人际传播面对的个体迷思，也在组织交往、国家交往等诸多层面生成了新的议题，成为人类命运共同体需要面对的新现象。

* 肖珺，武汉大学媒体发展研究中心研究员、武汉大学新闻与传播学院教授；赵泓阳，武汉大学新闻与传播学院硕士生。

关键词 互联网时代,跨文化传播,跨文化传播国际学术会议

Intercultural Communication Issues in the Internet Age

—Summary of the 10th International Conference on Intercultural Communication

Abstract Human society is facing the paradox of connection. Intercultural connections are increasingly virtualized, and intercultural adaptation is weakened due to the decrease of face-to-face communication. It is worth asking whether communication behind the screen enhances the efficiency of intercultural communication, or increases the sense of alienation, isolation and frustration between people. Based on this, the 10th International Conference on Intercultural Communication (ICIC 2019) on November 15th, 2019 (solstice, 18th) identified the theme of the conference as "Intercultural Communication Problems in the Internet Age". After summarizing and analyzing conference papers, the authors find that the conference presents three aspects of thinking: First, fields like international communication show an obvious intercultural shift. Second, how can the continuity of culture and intercultural connections be maintained through intercultural communication? Third, China's regional culture and the ASEAN regional culture show rich cultural diversity. Connection and loss of connection are not only individual myths faced by interpersonal communication, but also generate new issues in many aspects such as exchanges between organizations and countries, becoming new concerns that a community with a shared future for mankind needs to face.

Keywords the Internet era, intercultural communication, International Conference on Intercultural Communication

当今的世界是开放的世界，当今的中国是开放的中国。中国和世界的关系正在发生历史性变化，中国需要更好地了解世界，世界需要更好地了解中国。新时代新语境下的跨文化传播正是呼应人类命运共同体的现实路径和理论创新探索。我们需要同时面对网络社会给人类发展带来的机遇和挑战，其中之一就是数字新技术范式带来的人类与机器彼此建构的交往迷思。新传播技术，特别是移动通信技术的普及似乎把人类带入越来越深的孤独之中。为什么我们对科技期待更多，却不能使彼此更亲密呢（Why we expect more from technology and less from each）？由美国学者雪莉·特克尔（Sherry Turkle）提出的"在一起孤独"（alone together）困境揭示了互联网使用背后的新失联现象[①]。这是当下人类社会正在面对的连接悖论：互联网连接越来越频繁和深入，但人们的社会参与却在减少。人们在更多地远离现实生活中的社交互动，连接效率的提高反而减少了有意义的人类接触。文化间联系更多地被虚拟化，文化间适应因面对面交流的减少而减弱，值得追问的是：隔着屏幕的交流究竟是提升了跨文化交流的效率，还是增加了人们的疏远感、隔离感与沮丧感？

① 单波，叶琼. 阅读《在一起孤独》：网络社交自我的不确定性与可能性[J]. 新闻大学，2019(1)：45-59，117-118.

基于此,2019 年 11 月 15 日至 18 日,教育部人文社会科学重点研究基地武汉大学媒体发展研究中心、广西艺术学院联合主办的第十届“跨文化传播国际学术会议”(International Conference on Intercultural Communication,后文简称 ICIC)将会议主题确定为“互联网时代的跨文化传播问题”。来自美国、瑞典、澳大利亚、印度、巴基斯坦及国内的 30 多位学者围绕本次会议主题展开深入探讨,本文对会议论文进行归纳与分析,研究发现,会议呈现出三个方面的思考:第一,国际传播等领域已呈现出明显的跨文化转向现象;第二,如何通过跨文化传播保持文化、文化间连接的延续性?第三,中国地域文化、东盟区域文化传播中显现丰富的文化多样性。

一、国际传播等领域的跨文化转向

互联网发展使得人类更容易建立基于技术连接的交往关系,与之而来的是人、群体、国家之间的交流越来越频繁、越来越紧密。因此,我们必然会越来越多地处于两种及两种以上不同文化的相遇之境,文化之间如何对话、沟通和理解进而产生更深层次的认同,成为当下世界的重要议题之一。美国纽约州立大学的洪浚浩从冷战-后冷战大格局中反思国际传播研究,提出国际传播研究的跨文化转向。他认为应该多从文化的角度来看国际格局,从跨文化传播角度思考国际传播,解决以往国际间传播相互理解不足的问题;同时重新认识互联网在国际传播层面提效的作用,积极促进国家、经济、民间不同层次的交往,让跨文化因素真正融入到当今的国际传播格局中去。①

---

① 洪浚浩. 从跨文化视角看国际传播的新格局和新特点[C]. 第十届跨文化传播国际学术会议(ICIC)会议论文. 南宁,2019.

(一)国际传播的跨文化反思

在互联网时代我们应当如何从跨文化的视域看待国际传播？如何从国家诉求出发，通过国家间媒体进行有效的传播？杜慧贞等通过研究《中国日报》在YouTube平台上的“Discover China”系列视频传播策略，提出互联网时代的国家传播要充分利用多传播渠道，采取“成品策略”，在“编码”过程中更注重受众需求，同时通过加强互动增加用户黏性。[1] 杨康以广西北部湾之声为例，研究融媒体时代区域性对外广播的国家形象传播策略，认为融媒体时代媒体外交策略应当遵循新形势新特点，实现主体更多元的融合传播矩阵，强化对外话语体系构建，从而积极引导国际舆论。[2] 唐佳梅等则将视角对准国家传播中的具体“实践者”——外派记者。从能力角度看，这些“外派记者”具有一定的跨文化知识，但在交流方面仍有不足。在跨文化知识的获取途径方面，外派记者们往往倾向于在实践中形成对于不同文化的经验与认识。[3] 黄瑛认为，纪录片作为影像传播的主要形式逐渐成为跨文化传播的一个理想载体，她以纪录片《丹行线》为例，分析“共情”传播的内核。该片通过微纪录片的拍摄手法，结合主观的叙事方式，有效传递了印尼文化之美，降低了文化折扣，促进了中国-东盟国家之间的民心相通和相知相交，为我

---

① 杜慧贞，谢嘉韵.《中国日报》在YouTube平台上的海外传播策略与效果研究——以“Discover China”系列短视频为例[C]. 第十届跨文化传播国际学术会议(ICIC)会议论文. 南宁，2019.

② 杨康. 融媒时代区域性对外广播的国家形象传播策略研究——以BBR广西北部湾之声为例[C]. 第十届跨文化传播国际学术会议(ICIC)会议论文. 南宁，2019.

③ 唐佳梅，洪宇. 外派记者的跨文化能力研究[C]. 第十届跨文化传播国际学术会议(ICIC)会议论文. 南宁，2019.

国跨文化影像传播提供了新的路径。[①] 唐一方等关注到英国、日本、缅甸和越南从不同角度对中国国庆阅兵仪式进行了报道，从跨文化角度对报道议题和倾向进行比较研究，为提升中国军队针对不同国家国际传播的差异化和精准度提供参考和建议。国家传播的跨文化转向也需要新的媒介效能评价体系。[②] 张玉容等从“一带一路”倡议下跨文化媒体传播效能的评价与改进方面出发，重新定义“跨文化媒体传播效能”，认为提升跨文化媒体传播效能应从“顶层规划”做起，构筑媒介“共生系统”，媒体要善用“客体视角”讲好“中国故事”。[③]

(二)人际传播的多重文化互动

聚焦个体间文化互动的人际传播研究是与会者讨论的热点，他们从不同的研究情境出发探究不同层次的“我”与“他者”的互动，以及这种互动对个人和社会产生的影响。澳大利亚迪肯大学的许建从中国名人与粉丝之间利用社交媒体进行慈善活动角度入手，认为这种形式可以提升明星的社会影响力，创新慈善形式，更重要的是增进了粉丝间的互动。此外，该形式为培养公民性、缓解各类社会问题提出了新的解决路径，也体现了政府创新社会治理的有益尝试。[④] 巴基斯坦学者纳迪姆·艾克塔从个体认知在跨文化

---

① 黄瑛.《丹行线》跨文化影像传播的创新实践[C]. 第十届跨文化传播国际学术会议(ICIC)会议论文. 南宁，2019.

② 唐一方，张诚斌，刘芳，等. 国庆 70 周年阅兵外媒报道的多语种比较分析——以英、日、越、缅语媒体为例[C]. 第十届跨文化传播国际学术会议(ICIC)会议论文. 南宁，2019.

③ 张玉容，李永胜，张敏娜. “一带一路”倡议实施中跨文化媒体传播效能的评价与改进——基于“丝路品牌万里行”案例的研究[C]. 第十届跨文化传播国际学术会议(ICIC)会议论文. 南宁，2019.

④ 许建，JEFFREYS E. 名人激励、粉丝驱动：在中国通过社交媒体做慈善[C]. 第十届跨文化传播国际学术会议(ICIC)会议论文. 南宁，2019.

交往中被影响的角度出发，认为留学经历会对个体世界观的形成产生重要作用。在技术的驱动下，新媒体会改变留学生对于母国的印象，同时新媒体本身也会成为留学生实现个体跨文化适应的有力工具。人际传播的跨文化转向，不仅会对个人产生影响，也可能对国与国的文化交往产生影响。[①] 沈后庆以民国时期梅兰芳的对外交流为例，认为梅兰芳大师通过三次海外演出结交了众多著名国际艺术家、评论家，为在国际上推广我国戏剧事业做出了空前的贡献，其开创性的对外艺术交流模式对促进当下国际跨文化交流具有重要的启发意义。[②] 辛静等针对互联网时代人际传播中的跨文化问题，关注海外社交媒体个人账号建构“中国形象”的案例，对李子柒在 YouTube 上的视频进行分析，发现海外受众更关注具化的中国形象，对中国文化具有积极的正面态度，视频内容对行动意向具有直接影响。[③] 甘丽华关注个体互动产生的主体间性，研究网络游戏中的身份认同现象。她认为网络游戏中的国家认同和文化认同复杂又充满挑战，这些认同在虚拟场景中可能会被强化甚至走向极端。国家的边界、“我们”和“他们”的定义以及国家认同的核心会随着技术、通讯和信息的全球化洪流发生改变。[④]

（三）对外传播的连接作用

从对外传播的角度分析，群体内向群体外的文化间传播过程是怎样的

---

① 艾克塔. 新媒体技术及其对巴基斯坦学生跨文化体验的影响[C]. 第十届跨文化传播国际学术会议(ICIC)会议论文. 南宁，2019.

② 沈后庆. 论梅兰芳开创的对外艺术交流模式的文化意义[C]. 第十届跨文化传播国际学术会议(ICIC)会议论文. 南宁，2019.

③ 辛静，叶倩倩. 短视频语境下中国文化的跨文化传播效果研究——以 YouTube 李子柒的视频评论为例[C]. 第十届跨文化传播国际学术会议(ICIC)会议论文. 南宁，2019.

④ 甘丽华. 电子游戏中的身份冲突——以“绝地求生：刺激战场”红衣军团为例[C]. 第十届跨文化传播国际学术会议(ICIC)会议论文. 南宁，2019.

呢？罗奕认为泰国华文媒体是侨团自内向外进行文化间传播的桥梁，维系着在泰国的华人社团的群体关系。此外，她还关注华文媒体的身份和功能变迁，认为作为特殊群体的侨团将媒体作为其文化资本，将媒体的社会价值进一步转化为社会资本，同时也协调了侨团与政府的关系，为商贸活动提供了便利。① 马君红则从“郑和文化”成为印尼华人象征这一现象入手，梳理群体内向群体外文化传播的过程。她认为“郑和七下西洋”推动了印尼华人社会的发展，推动了“郑和文化”在当地的形成，形成的过程体现了华人在文化冲突中祈求平安的心理诉求。②

可以看到，从传播学研究观之，人际传播、对外传播、国际传播、全球传播等虽然在概念的使用上存在差异性，但均具有跨文化传播的内涵。在本次会议中，学者们的研究比较集中地反映出国际传播等领域已呈现出明显的跨文化转向现象。这些复杂的理论问题和现实考验不断提升研究者的跨文化意识，促使大家调适研究路径，形成迈向跨文化传播的发展趋势。

二、如何通过跨文化传播保持文化、文化间连接的延续性?

人类社会实践不断推动文化的形塑，在社会经验基础之上，文化以多种样态存续于人类历史之中。20 世纪 80 年代以来，全球迈入网络社会的新结构，在互联网时代如何通过跨文化传播保持文化、文化间连接的延续性？这是与会者聚焦的又一个问题。

---

① 罗奕. 行走在边缘：泰国华文媒体的“三重资本”[C]. 第十届跨文化传播国际学术会议(ICIC)会议论文. 南宁，2019.

② 马君红. 印尼“郑和崇拜”的流变及其原因[C]. 第十届跨文化传播国际学术会议(ICIC)会议论文. 南宁，2019.

（一）伦理层面的延续性

美国伊利诺伊大学香槟分校的学者克利福德·G.克里斯琴斯聚焦"网络时代的语言哲学"，从语言学的理性主义理论范式谈起，梳理了18世纪以来发展的语言理性主义，同时认为其并不适用于互联网时代的跨文化传播。因此，他提出要聚焦网络时代将语言作为符号的世界观，并进一步指出文化延续性的问题，因为文化才是人类存在的关键。互联网时代的传播只是一种新的沟通范式，在传统时空观被解构、流动时空被建构的情况下，人类需要在这种新范式中寻找保证文化连续性的方法。这警示我们，以文化连续性为常态的重组需要人文学科发展对人类自身的非工具性理解。[①] 年轻的研究者们通过分析灾难性短视频、新闻伦理抉择模式展现了对互联网时代媒介伦理问题的焦虑。何子杰揭示了跨国报道中不断涌现的伦理问题，提出应将人类命运共同体理念及其蕴含的深层伦理原则融入传统的基德模式中，通过补充东方价值体系来提升伦理抉择模式在新闻报道中的适用性。[②] 杜银龙聚焦互联网时代的媒介伦理，认为应当以美德伦理作为理论基础，正确处理职业道德和个人美德二者的关系，从而规避灾难性事件短视频报道中存在的伦理问题。[③]

（二）理论层面的延续性

面对互联网时代出现的交流问题，尽管有很多新现象涌现，但研究者如

---

① 克里斯琴斯. 网络时代的语言哲学[C]. 第十届跨文化传播国际学术会议（ICIC）会议论文. 南宁，2019.

② 何子杰. 波特新闻伦理抉择模式之外的选择——对基德模式及融入中国伦理原则的探讨[C]. 第十届跨文化传播国际学术会议（ICIC）会议论文. 南宁，2019.

③ 杜银龙. 灾难性事件短视频报道的伦理失范与引导研究——以2019年6月四川宜宾地震为例[C]. 第十届跨文化传播国际学术会议（ICIC）会议论文. 南宁，2019.

何从理论的视角来解析,并基于网络社会的人类情境予以理论反思与发展呢?瑞典哥德堡大学的延斯·奥尔伍德概述了跨文化传播理论在互联网时代的变与不变,不论是倾向于文化间互动的跨文化传播(inter-cultural communication)、倾向于文化间交叉的跨文化传播(cross-cultural communication),还是倾向于文化间融合的跨文化传播(trans-cultural communication),我们讨论的始终是文化之间的连接过程。同时,在这种比较中,他认为基于互联网的跨文化交流将日益密切,也会给文化间的发展带来更多的可能性,但这对于多元文化的发展可以说是"喜忧参半",甚至还可能产生强化数字技术支持的单一文化。① 美国罗德岛大学的陈国明分享了其最新研究"全球网络社区的建构:跨文化交际理论",提出用"全球社区"(global community)概念取代"全球社会"(global society)概念,因为共同体的概念能更好地解释当下的跨文化传播,而这与中国的"家"文化理念具有共性。② 武汉大学的单波从全球流动的时空转换中思考文化互动的"我",提出我们的研究需要从传播效果、全球贸易等为导向的传播学问题,转向建构多元文化的传播关系。③ 瑞典哥德堡大学伊丽莎白·阿尔森等人认为今天的社会已经不能仅从社会经济的视角去理解,而应当从跨文化的角度出发探讨社会问题,并提出应尝试从教育的角度出发去寻找互联网时代提升跨文化能力的方法。④ 另有一些研究对传统跨文化适应理论进行了情境化补

---

① 奥尔伍德.互联网时代的跨文化传播[C].第十届跨文化传播国际学术会议(ICIC)会议论文.南宁,2019.

② 陈国明.全球网络社区的建构:一个跨文化交际视角[C].第十届跨文化传播国际学术会议(ICIC)会议论文.南宁,2019.

③ 单波.跨文化传播的问题域[C].第十届跨文化传播国际学术会议(ICIC)会议论文.南宁,2019.

④ 奥尔伍德,阿尔森.跨文化传播教育讨论[C].第十届跨文化传播国际学术会议(ICIC)会议论文.南宁,2019.

充，肖珺、彭思思对在华法国人进行深度访谈，发现微信作为一种新的连接形式正在重塑他们与母国的传播关系，新媒体使用的反向压力促使中法双向的跨文化流动与适应成为可能，这个双向过程不仅发生于东道国，也主要作用于旅居者的母国亲缘关系上，东道国、母国间的跨文化适应正在生成一种新的样态。[①] 还有研究从亚洲视角出发，拓展互联网文化记忆的解释空间，张春雨、郭雨璠聚焦来自不同国家地区的歌迷如何在 YouTube 上纪念邓丽君的音乐，并使这种记忆成为一种跨文化现象。研究发现，互联网的交互、存档功能有助于延续关于文化记忆的交流，这种文化记忆也会融入粉丝的个人记忆，使记忆本身更具个性化和情感化。同时，随着信息流通的全球化，流行文化的记忆更容易成为一个全球化、跨文化、跨代际的多元文化传播现象。[②]

（三）技术层面的延续性

如何从技术层面梳理互联网时代跨文化交流的延续性？澳大利亚迪肯大学的戴维·马歇尔从技术给个人认同途径带来改变的角度出发，聚焦在线跨文化传播中的集体与个人的人设转换，揭示了全球文化连接的新现象。他认为网络情感表达的相关语言和符号（如表情包），业已通过网络文化中的超越语言本身的范畴与他人产生联系，进而实现了个人身份认同和群体身份的认同。[③] 澳大利亚迪肯大学的乌莎·M. 罗德里格斯的研究将技术层

① 肖珺，彭思思. 重建连接：旅居者的新媒体使用与跨文化流动[C]. 第十届跨文化传播国际学术会议（ICIC）会议论文. 南宁，2019.

② 张春雨，郭雨璠. 亚洲流行文化记忆.邓丽君音乐在 YouTube 平台上的跨文化、跨时空传播[C]. 第十届跨文化传播国际学术会议（ICIC）会议论文. 南宁，2019.

③ 马歇尔. 情感、在线跨文化传播和连接：一项基于网络文化对集体和个人人格转换的调查[C]. 第十届跨文化传播国际学术会议（ICIC）会议论文. 南宁，2019.

面的延续性聚焦在揭示社交媒体如何影响印度大选上,她认为在媒介融合情况下,社交媒体正在创造一个“喧嚣”的公共空间:没有限制的发言、虚假新闻的泛滥以及民众的媒介素养问题越来越值得我们重视。这样的技术延续性不仅体现在个人和国家之中,也体现在国与国之间的比较中。① 美国杜克大学肯尼斯·罗杰森在其发言中分析了武汉和纽约的在线投诉系统,研究发现,中美两国社会治理的文化差异主要表现在机构问责制的差异、公民投诉的动机、社会问题的处理效率和处理效果这几方面。技术的延续性不仅表现在新媒体技术上,也同样表现在剧场等传统媒介上。② 韦哲宇反思剧场作为媒介在重新审视和改造现实中的作用,他认为新青年剧团的美学和政治方法呈现了社会结构转变如何影响日常传播方式,以及剧场表演如何与这种变化对话。③

对伦理、理论、技术等多重层面的研究反思都在不断唤起和强调跨文化传播的使命,即保持文化间交往对话的延续性,从思想和实践的层面思考“跨文化传播如何可能”的问题,探究超越差异化的限制和权力的不平等的可能性。

三、地域文化、区域文化传播中文化多样性的显现

文化多样性是跨文化传播研究重要的理论前提,也是跨文化传播所要

---

① 罗德里格斯.社交媒体影响了2019年印度大选吗?[C].第十届跨文化传播国际学术会议(ICIC)会议论文.南宁,2019.

② 罗杰森,纪莉.智慧城市与公民:政府如何倾听?关于武汉、纽约网络投诉系统的比较研究[C].第十届跨文化传播国际学术会议(ICIC)会议论文.南宁,2019.

③ 韦哲宇.仿真的文化身体与李建军的凡人剧场[C].第十届跨文化传播国际学术会议(ICIC)会议论文.南宁,2019

追求和维护的价值目标。地域文化、区域文化传播在维护文化多样性方面有许多值得借鉴的范例，与会者从中越文化之间的跨文化交流研究出发，阐述了自己的研究。

广西艺术学院的何清新认为，中越边境的民间文化跨境传播现象是跨国民间交往的一个区域性缩影。两国边民拥有各自坚实的国家认同。在地缘政治显著强于地缘文化的情况下，两国边民又表达出跨境交流的渴望。中越边境跨境对歌的传播模式建构了个人与国家的关系、个人交流行为、个人交流与族群的关系、个人交流与社区环境的关系等四层显性的类属。① 刘文军聚焦中越文化交流间媒介对保护文化多样性所产生的作用，通过研究花山岩画在越南传播过程中的“呈现”与“消隐”，研究媒介的呈现功能。他认为花山岩画在呈现中隐蔽，在厘清中混淆，在补足中截除，浮现与消隐、连接与失联都与媒介有着不可分割的关系。② 还有的文章从文化多样性与文化认同角度出发，张倩芸以越南传统戏剧水上木偶戏为研究对象，从水上木偶戏的文化意蕴传承与发展、中越两国水上木偶戏的“联姻”关系等多角度提出自己在文化书写和身份认同方面的思考。③ 张灿认为京族“哈节”在官方与民间的合力建构下，形成了融入国家符号、族群文化及独特地域文化，彰显国家认同、民族认同和文化认同的在地化变迁。④ 另有研究者认为，文化多样性可加强地域与区域文化传播，如张小梅通过研究越南京族的传统

① 何清新. 中越边境“跨境对歌”的传播模式研究[C]. 第十届跨文化传播国际学术会议(ICIC)会议论文. 南宁，2019.

② 刘文军. 浮现与消隐：花山岩画在越南传播的媒介反思[C]. 第十届跨文化传播国际学术会议(ICIC)会议论文. 南宁，2019.

③ 张倩芸. 越南水上木偶戏的文化书写与身份认同[C]. 第十届跨文化传播国际学术会议(ICIC)会议论文. 南宁，2019.

④ 张灿. 中越京族“哈节”的音声表述与在地传播研究[C]. 第十届跨文化传播国际学术会议(ICIC)会议论文. 南宁，2019.

民歌“官户民歌”,阐释其音乐形态、歌唱规则、音乐结构等“地方性”知识可用于增进中国与东南亚毗邻国家的音乐文化交流。① 黄艺平通过梳理壮族非物质文化遗产天琴文化在中越边境的流行历史,提出将中外文化融入时代内涵,使天琴文化成为区域文化交往的桥梁从而强化中越文化的跨文化交流。②

跨文化传播是根植于人的物质生活生产与精神交往需要之中的历史现象,其终极关怀是要实现文化间融合,从而达致和谐的最高价值理念。深入探讨互联网时代的跨文化传播,正是为了回应人类社会正在面临的跨文化忧思。连接与失联不仅是人际传播面对的个体迷思,它也在组织交往、国家交往等诸多层面生成新的议题,成为人类命运共同体需要面对的新现象。比如,“一带一路”倡议等塑造的多元文化共同体中的文化交往、超国家聚合的世界性组织、移民留学生等文化迁移者、世界范围内出现的难民潮等。很多时候,人们都是通过网络聚集在一起相互帮助,试图通过分享克服文化间的冷漠与对立,但有些时候,当我们面对恐怖主义等挥之不去的阴霾,面对人类心灵深处的孤独感时,我们需要一种反思和建构的力量:人类有能力在互联网时代恢复跨文化交流的能力,重建文化间的互惠性理解与互惠性关系。为此,我们有必要共同面对互联网时代的连接与失联,全世界的研究者需要拓展人类与机器彼此建构中的传播交往新理念,以此为人类命运共同体建设探索一条跨文化传播创新之路。

2019 年,跨文化传播国际学术会议(ICIC)已迈入第十届。2003 年,跨文化传播国际学术会议在法国波尔多第三大学起步,2004 年 6 月,珞珈山以

---

① 张小梅. “地方性知识”:越南官贺民歌程式化探讨[C]. 第十届跨文化传播国际学术会议(ICIC)会议论文. 南宁,2019.

② 黄艺平. 广西天琴文化的发展与传播策略研究[C]. 第十届跨文化传播国际学术会议(ICIC)会议论文. 南宁,2019.

夏之热烈搭起了武汉大学历史上第一次“跨文化传播国际学术会议”的讲台[①]。17年来，十届跨文化传播国际学术会议的会议主题包括：大众媒介与东西方文化的沟通、理解；跨文化传播的媒介问题；跨文化对话：媒介伦理与新闻专业性；文化冲突与跨文化传播；族群交流、国家形象与跨文化传播；“一带一路”、多元文化主义与跨文化传播；互联网时代的跨文化传播等。我们希望会议达成的目标不仅停留在交流层面，更多地应该是建构主体间性话语下的学术认同，从而实现文化间的互构。文化间互构之所以成为可能，缘于跨文化传播研究者们具备自由地超越现实中的自我的能力与道德素养。这些都需要世界各地的跨文化传播研究者共同努力，克服文化间的隔膜与伤害。因此，会议的意义或许更多地在于吸引和培育跨文化传播研究的同行者。

（编辑：肖劲草）

---

① 单波. 前言：寻求多元文化认同的媒介空间[M]//单波，石义彬.跨文化传播新论. 武汉：武汉大学出版社，2005：1.

图书在版编目(CIP)数据

跨文化传播研究.第二辑/单波主编. --北京:中国传媒大学出版社，2020.12
(传媒集刊)
ISBN 978-7-5657-2855-6

Ⅰ.①跨… Ⅱ.①单… Ⅲ.①文化传播—研究 Ⅳ.①G0

中国版本图书馆 CIP 数据核字(2020)第 234615 号

跨文化传播研究(第二辑)

KUAWENHUA CHUANBO YANJIU(DI-ER JI)

主　　编	单　波		
策划编辑	王雁来		
责任编辑	王雁来		
特约编辑	景贵英		
装帧设计	拓美设计		
责任印制	李志鹏		
出版发行	中国传媒大学出版社		
社　　址	北京市朝阳区定福庄东街 1 号	**邮　　编**	100024
电　　话	86-10-65450528　65450532	**传　　真**	65779405
网　　址	http://cucp.cuc.edu.cn		
经　　销	全国新华书店		
印　　刷	北京玺诚印务有限公司		
开　　本	787mm×1092mm　1/16		
印　　张	14.25		
字　　数	177 千字		
版　　次	2020 年 12 月第 1 版		
印　　次	2020 年 12 月第 1 次印刷		
书　　号	ISBN 978-7-5657-2855-6/G・2855	**定　　价**	72.00 元

本社法律顾问:北京李伟斌律师事务所　郭建平